商业新闻出版公司和轻松读文化事业有限公司提供内容支持

WHY CLIENTS WANT TO
DO BUSINESS WITH YOU

客户为什么和你做生意

轻松读大师项目部　编

中国盲文出版社

图书在版编目（CIP）数据

客户为什么和你做生意：大字版 / 轻松读大师项目部编．—北京：中国盲文出版社，2017.4
 ISBN 978－7－5002－7851－1

Ⅰ.①客… Ⅱ.①轻… Ⅲ.①销售—方法 Ⅳ.①F713.3

中国版本图书馆 CIP 数据核字（2017）第 084572 号

本书由轻松读文化事业有限公司授权出版

客户为什么和你做生意

编　　者：轻松读大师项目部
出版发行：中国盲文出版社
社　　址：北京市西城区太平街甲 6 号
邮政编码：100050
印　　刷：北京汇林印务有限公司
经　　销：新华书店
开　　本：787×1092　1/16
字　　数：85 千字
印　　张：14
版　　次：2017 年 4 月第 1 版　2017 年 6 月第 1 次印刷
书　　号：ISBN 978－7－5002－7851－1/F·154
定　　价：46.00 元
销售热线：(010) 83190297　83190289　83190292

版权所有　侵权必究　　　　印装错误可随时退换

出版前言

数字文明为我们求知问道、拓展格局带来空前便利，同时也使我们深受信息过剩、知识爆炸的困扰。面对海量信息，闭目塞听、望洋兴叹固非良策，不分主次、照单全收更无可能。时代快速变化，竞争不断升级，要想克服本领恐慌，防止无知而盲、少知而迷，需尽可能将主流社会的最新智力成果内化于心、外化于行，如此才能更好地顺应时代，提高成功概率。为使读者精准快速地把握分散在万千书卷中的新理念、新策略、新创意、新方法，我们组织编写了这套《好书精读丛书》。

这套书旨在帮助读者提高阅读质量和效率。我们依托海内外相关知识服务机构十多年的持续积累，博观约取，从经济管理、创业创新、投资理财、营销创意、人际沟通、名企分析等方面选取数百种与时俱进又经世致用的好书分类整合，凝练出版。它们或传播现代经管新知，或讲授实用营销技巧，或聚焦创新创业，或分析成功者要素组合，真知云集，灼见荟萃。期待这些凝聚着当代经济社会管理创新创意亮点的好书，能为提升您的学识见解和能力建设提供优质有效便捷的阅读资源。

聚焦对最新知识的深度加工和闪光点提炼是这套书的突出特点。每本书集中解读4种主题相关的代表性好书，以"要点整理""5分钟摘要""主题看板""关键词解读""轻松读大师"等栏目精炼呈现各书核心观点，崇真尚实，化繁为简，您可利用各种碎片化时间在赏心悦目中取其精髓。常读常新，明辨笃行，您一定会悟得更深更透，做得更好更快。

好书不厌百回读，熟读深思子自知。作为精准知识服务的一次尝试，我们期待能帮您开启高效率的阅读。让我们一起成长和超越！

目 录

为什么的力量 ………………………………… 1

  顾客在决定购买决策时，心中浮现的问题常是："为什么我要和这家公司做生意？它能解决我现在的问题吗？"因此，更好的做法是找出顾客"为什么"要和你做生意，借此研拟一份独特价值承诺，利用它向顾客说明和你交易可以获得的价值、利益，以及明确的成果。

冲破停滞点 ·· 53

停滞点是指在谈判中双方无法达成共识，谈判于此时陷入僵局，或是一个人正面对的问题症结。然而，停滞点也正是突破成长的关键，只要找出哪里卡住并解决问题，就能让情况转为对自己有利。如果企业能积极找出影响发展的停滞点，并设法克服这些瓶颈，就可以回归正轨，追求更优异的绩效，即使经济不景气，也还是能够茁壮成长。

目 录

营销革命 3.0 113

企业如何提出改善世界、解决环保与贫穷问题的对策，将是未来营销界的重要课题之一，而这种营销新法则就是营销3.0。营销3.0不再只是运用推销以及创造需求，而是企业重建消费者信任的希望所在。营销3.0的重点就在于，企业要推广其价值观、使命和愿景，并和所有伙伴加以整合，使各方能够行动一致，协力达成有意义的目标。

决战第三屏 ·· 165

对营销人员及广告主来说，以智能手机为主的移动装置，是继电视及电脑（尤指互联网）之后最重要的第三种屏幕，也是最具革命性的媒体变革。第三屏极有可能成为扭转战局的关键。而改变所有一切，引领这场变革的主导者不是营销人员或广告主，而是"不受束缚的消费者"。消费者通过它可以轻易地与其他人通讯，还可以在购买时就立即分享资讯和意见。

为什么的力量

突破市场竞争6步骤

The Power of Why
Breaking Out in a Competitive Marketplace

原著作者简介

理查德·韦尔曼（C. Richard Weylman），毕业于门罗社区学院，媒体评论家及专题演讲家，担任韦尔曼顾问集团董事长兼运营总监。著有《打开紧闭的门》《真正有效的营销策略》《让自己在富足的市场中加速成长》等书。

本文编译：黄玩

主要内容

主题看板	为什么顾客会看上你/5
轻松读大师	一　独特价值承诺让你脱颖而出/7
	二　突破市场竞争6步骤/15
延伸阅读	抓住消费者的心，就抓住了市场的独特地位/48

主题看板

为什么顾客会看上你

今天，顾客不再重视你的主张，而是在乎你的承诺。如果你能以他们为中心，解决其需求、满足其渴望，他们自然就会找到要和你做生意的理由。

你的竞争对手为什么总是赢得销售，即使你的产品和服务与他的一样好？为什么有些一度深受信任的公司品牌，现在却被视为一文不值？你必须持续地向现有的顾客进行销售，就仿佛他们是全新的顾客一样吗？

过去，我们靠独特价值主张，详细地阐述我们要服务哪些客户、满足他们哪些需求，并且不断宣传，以吸引目标顾客的注意。

经过多年的努力研究，营销专家理查德·韦尔曼发现，拥有独特销售主张固然非常好，但它是以公司及产品为导向，而不是以顾客为中心去思考。现在，顾客在制定购买决策时，心中常常浮现的问题是："为什么我要和这家公司做生意？它能解决我现在的问题吗？"

因此，更好的做法是找出顾客"为什么"要和你做生意，借此研拟一份独特价值承诺，以此向顾客说明和你做交易可以获得的价值、利益，以及明确的成果。

就像谷歌提出的"汇整全球资讯，供大众使用，使人人受惠"，联邦快递提出的"让您的包裹绝对隔夜送达"。这些以顾客为中心的承诺，将逐步取代以产品为核心的主张，这样才更贴近顾客的需求，才能在激烈的市场竞争中确立独特的地位，成为顾客心目中独一无二的选择。

一　独特价值承诺让你脱颖而出

　　潜在顾客提出的头号问题就是："为什么我要跟你做生意?"这个问题的答案就是你的独特价值承诺。谈论你的产品、服务或者你的专业知识是没有意义的——这些都不重要。相反，应该谈的是你能够提供给顾客的价值，以及他们能够获得的利益和成果。完全从顾客的角度表达这些内容，并且承诺提供给顾客真正渴望的事物，那么你就会脱颖而出——这是毫无疑问的。

　　打造长期商业模式的关键，通常是重复性的业务——也就是让老顾客持续不断地向你购买。
　　而最佳实现方式就是发展一套以顾客为中心的独特价值承诺，详细说明你可以协助顾客得到的情感价值、个人利益和明确的成果。

客户为什么和你做生意

```
独特          顾客
价值承诺   →   价值
              利益
              成果
```

关键思维

　　顾客决定跟谁交易，其决策方法已经改变了，他们热衷于寻找有信念和有追求的企业。顾客希望企业对自己所提供的东西有强烈的信心，以至于愿意以买方为中心对成果做出清楚的承诺——并且是从一开始就没有任何条件，没有任何限制。要记住，这里说的不是你以为的典型品牌承诺，因为典型品牌承诺是一种以"自我"为中心的信息，既没有澄清作用也不能传达差异性。

——理查德·韦尔曼

面对多变的市场环境，仅仅置身其中是很容易的，如何让客户找到你并且愿意和你做生意才是最困难的。为了达到这个目标，你必须脱颖而出、与众不同。这就是拥有一套完全从顾客角度出发的独特价值承诺如此重要的原因。有了理想的独特价值承诺，你就会进入潜在顾客的视线范围之内。少了独特价值承诺，这也就变得不可能了。

每个行业中各种规模和形态的公司，都开始意识到拥有简单易记的独特价值承诺的重要性。

一些范例如下：

◎ING金融服务集团：我们让你更方便。

◎谷歌：汇整全球资讯，供大众使用，使人人受惠。

◎联邦快递：让您的包裹绝对隔夜送达。

◎书摘网站：商业书籍精华摘要——读更少，做更多。

◎橄榄园意大利餐厅：在这里，你就是

家人。

◎达乐连锁商店：每天省时又省钱！

◎Insperity人力顾问公司：激发企业卓越绩效。

◎Lifelock安保公司：坚持不懈地保卫你的身份。

◎La-Z-Boy家具公司：舒适过生活。

◎Pella门窗公司：我们帮你让幻象成真。

◎太平洋医疗暨设备公司：让生活更轻松。

当你用自己的独特价值承诺向市场许下功能和情感方面的承诺时，就表示你完全只专注于顾客的成果。这样做将会把你和那些只顾着谈论自己产品、服务、专业知识、市场优势和技术等等的竞争者区分开来。讨论卓越顾客成果的重要性并把它奉为圭臬，也会创造出一种奇特性，可以为营销活动注入活力。

准备好令人信服并攸关市场的独特价值承诺，其好处包括：

（1）诉诸潜在客户的情感——用一种非常直接且不会错过的方式。理想的独特价值承诺会概括你渴望为他们所做的一切，而且能够让他们立即产生联想。

（2）创造出差异性——你从一开始就表示自己注重顾客的成果。省去电梯式的自我介绍，你只要说："我们这家软件服务公司会提升顾客的生产力并且减少停摆时间。"

（3）启发并激起他们的好奇心——一套令人信服并切中要害的独特价值承诺，将会驱使他们去了解更多。

（4）会让自己的公司取得独特的地位——你传递的正是顾客想要的价值。潜在顾客对于和你做生意可以得到什么，会有很积极的想法，这将会引发许多正面评价。

如前所述，卓越的独特价值承诺可以让潜在客户心中产生惊喜与好奇。他们会惊讶地发现你了解他们想要努力达成的目标，因而十分想知道你是否有办法来解决。两者都是有益的情绪反应，因为它们会促使人们想要了解更多。如果你真的兑现你的承诺，未来就有可能产生一些绝佳的商机。

关键思维

> 以顾客为中心的独特价值承诺，从策略上来说，不仅是一个好的态度，而且也是厘清头绪、去除不确定性，以及从顾客角度厘清价值为何物的关键所在。通过直接诉诸今日买家的渴望，掌握消费者利益。最重要的是，它能够让任何一家企业，在各自的市场上建立独特的地位，并且在竞争中脱颖而出。对你的事业来说，最终意义是带来更多消费者的咨询和更多销售。
>
> ——理查德·韦尔曼

当你挖掘出自己的独特价值承诺之后，它就会成为你事业的核心目标和热情所在。它会影响你所有的上市活动，包括诉求、新产品、定价、配送、销售、后续服务，甚至包括实体位置。全面整合你的独特价值承诺，可以让你的整个团队下定决心，并且决定你该雇用的员工类型。

——理查德·韦尔曼

拥有一份独特销售提案是非常棒的，但是它是以公司为导向而不是以顾客为导向。更好的概念是发展一份独特价值承诺，以此向顾客说明和你交易可以获得的价值、个人好处及明确的成果。

如果你能够确定自己目前最好的顾客为什么要和你交易，然后把你提供的利益调整到最大，你就可以从只是"不一样"转变成完全"独特"。独特价值承诺完全以顾客为中心，因为它着重的是从顾客的角度来决定应该创造的价值。

这个独特价值承诺可以用来回答一个问题，也就是当潜在顾客初次和你接触时都会问的："我可以从中得到什么？"运用独特价值承诺来回答这个问题，你便能一帆风顺。

客户为什么和你做生意

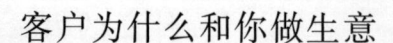

关键思维

你做的产品很好,这点毋庸置疑。但是,每次都能将买家真正渴望的事物传达给对方才是最珍贵的。它会让你稳固建立市场领先地位,而成为领先是每个企业的不懈追求。

——理查德·韦尔曼

二 突破市场竞争 6 步骤

要发展一份健全且有用的独特价值承诺，就要遵循下列 6 步骤：

独特价值承诺
1 了解承诺的规则
2 琢磨你的承诺
3 让大家齐心协力
4 营销你的独特之处
5 推销优点
6 超越顾客的期待

步骤 1：了解承诺的规则

要发展一份卓越的独特价值承诺，第一步就是和你的顾客聊聊，了解他们的想法。

要想让这项行动成功，承诺的规则是：

(1) 明智地挑选顾客——选择你的最佳顾客，不是那种偶尔或随机出现的顾客。挑选那种和你长期往来，并且希望你茁壮成长，未来仍能为他们效劳的顾客。你要的是那种在指引你正确方向时，也能从中获益的顾客。

(2) 设计书面问卷——包含一些任务导向的预设问题。

内容要具体：

◎ 你觉得我们公司的强项是什么？

◎ 为什么你认为这些特质很重要？

◎ 我们产品的最佳功能是什么？

◎ 这些功能可以帮助你达成什么？

(3) 进行面对面访谈——你必须在顾客说话的时候，观察他们的肢体语言。人们当面回答问题时通常会和书面形式有所不同，务必发挥这种情形的优点。

进行这类访谈的一定是平常就直接面对顾客的员工，因为他们具备知识和信任感。顾客对于和自己一直有往来的业务代表，会比较坦诚；但一面对高级管理人员，就可能临场退缩。只有在顾客放松的情况下，你才能获得优质的建议，因此务必选派顾客习惯往来的员工。

（4）使用的邀请程序必须经过周密思考及反复排练——大家都很忙。要想让你的最佳顾客给你45分钟时间，你就必须显得老练且机智。如果你让他们觉得自己很重要，并且肯定他们提出的意见，他们就越有可能同意。

"比尔，你是我们的最佳顾客之一。我们正在想办法给你提供更好的服务，所以你的意见对我们来说很重要。我们是不是可以在下星期找一天一起吃个饭，让我有机会听听你对我们正在思考的品牌再造运动有什么见解和建议。你觉得星期二或星期三哪天最合适呢？"

◎不要使用书面邀请函，因为有太多需要说明。而且书面邀请也无法传达和他们说话时所展现的热情。

◎不要告诉他们:"我想知道你为什么要和我们做生意?"对于这类问题式邀请,他们的标准回答是:"哦,我们不需要碰面来讨论这个问题。你早就知道答案了。"

◎反复演练你的邀请程序,好让你邀请时的态度显得更诚恳。因为你希望它特别不同,不只是一次标准的会客场面。

（5）适当地定调——这是一场愉快的交谈,而不是严苛的正式调查。安排一个宁静的会面场所,让顾客觉得舒适并且可以轻松地交谈和聆听。类似早餐或午餐的社交氛围通常是理想的情境。

（6）积极地聆听,并且逐字掌握顾客回应的内容——花点时间和精力写下顾客的发言是非常重要的。你想掌握的就是他们的看法,所以不要错过他们提供的任何线索。用笔记录一切当然会比较缓慢,但是看到你对他们的意见这么在意,顾客肯定会觉得受宠若惊。

（7）用电子表格列出他们的答案，通常会是个好主意——表格可以整理并找出模式。表格还可以让你比较不同顾客对相同问题的答案，借此找到可以作为独特价值承诺的句子、主题或形容词。

> **关键思维**

从这种电子表格得到的见解很具启发性，而且你还可能发现它在某方面的效果令人十分震撼。具启发性，是因为它清楚显示出顾客是如何阐述你的业务帮助他们完成了什么，更重要的是，为什么对他们很重要。令人震撼，是因为它也透露出顾客看待你的业务和产品时有多么的不一样。不过要记得，他们的角度和你的完全不同。

——理查德·韦尔曼

要开放地接纳新想法、说法、概念和语言。那些是他们的观点，他们真正的"为什么"，而且或许和你以往听过或想过的一切非常不一样。要做好接受它们的准备。这就是你的最佳顾客——从他们的角度——看待你的业务的方式。

——理查德·韦尔曼

这不是一件你能转包给广告代理商或是研发单位来做的事，甚至也不可以交给营销部门。你以及直接面对顾客的小组必须卷起袖子，切实地和最佳顾客进行访谈。

——理查德·韦尔曼

步骤2：琢磨你的承诺

当你完成研究，并且和一些真实顾客谈完之后，接着你必须坐下来撰写你的独特价值承诺，也就是把顾客实际回应的内容纳入你的独特价值承诺草案中。举例如下：

为什么的力量

你为顾客做了什么	他们为什么重视你所做的事	运用这个看法草拟独特价值承诺
发展清楚且个性化的财务计划	"你帮我们把复杂的事情变简单了。"	让你的金融投资决策变简单
保证让产品及时上市	"你消除了我们达成最后期限的所有顾虑。"	保证准时交货
提供私人购物管家及本地经验	"你协助达成我所追求的专业外表和形象。"	随时随地让你展现专业形象

以下是琢磨你的承诺的步骤：

（1）组成指导委员会——包含组织中3～4位最具创意的人员，或是另外3～4位外部顾问或导师。让每个人充分了解你想做的事。说明你只想使用最佳顾客说的话来研拟独特价值承诺，而且他们必须愿意：

◎ 跳脱框架思考。

◎ 放下个人既定的安排或喜好。

◎ 和小组的其他成员合作。

（2）一开始可以让委员会的每位成员进行单独作业——让他们取得所有顾客访谈的资料，开始草拟他们自己的独特价值承诺。通常你的独特价值承诺是逐步演化而成，不会一下子就达到完美。你要先从一些句子和文字开始，然后不断反复更替。但是要提醒每个人，他们都必须使用顾客的用语，不要插入自己的语言。

理想情况是，你希望每位成员都可以提出2~3则独特价值承诺，每则包括4~8个字。少于4个字会让人看不懂，超过8个字则容易产生过多联想。

（3）把大家聚在一起——开始讨论各种研拟出来的独特价值承诺。必须针对每个独特价值承诺逐一进行讨论，采取整合、否定、修改、混合和移植。唯一原则是，每个人都要忠于顾客实际说的话，不可以改变用语。

在经过全体讨论和调整的过程之后，试着整合每个人的最佳构想，产生最后3～4个独特价值承诺选项。用谷歌搜寻这些选项，确认没别人注册使用，如有必要再做些调整。

（4）投票选择最好的独特价值承诺——以一种可以展露顾客心声的方式进行。理想的投票过程是：

◎在资深管理团队中间传阅这3～4个独特价值承诺选项，让他们选出最喜欢的一项。并且向这些经理人再次强调他们可以提出修改建议，但是只能使用顾客提供的意见，不能使用他们自己的想法。

◎接着再回去找访谈过的顾客，告诉他们："接下来我所说的哪句陈述，最适合描述我们为你所做的一切？"把所有独特价值承诺选项告诉他们，要他们决定哪一个最好。

顾客最喜欢的那个独特价值承诺就是最好

的，不管你的资深管理团队看法如何。如果你够聪明，你应该还要寄一份亲笔感谢函和一份具有恒久价值的小礼物，譬如时钟或类似物品，送给参与这项活动的所有顾客。不要寄给他们一封很快就会被删除的电子邮件、很快会枯萎的花或酒之类的物品。要送他们一些有纪念意义的东西。

关键思维

有了清楚明确且具体成文的独特价值承诺，你就有能力在你的企业中大展身手。站在你的立场上，这是个令人兴奋的时刻。接下来，你将受到鼓舞且有所突破，积极推动你的承诺，赢得潜在顾客的注意，并且和他们做成生意。

——理查德·韦尔曼

独特价值承诺的目标是激励，而不完全是教导。

——理查德·韦尔曼

独特价值承诺的精髓，就是对顾客的誓言。

这项承诺一方面令人鼓舞，另一方面则会形成一份对卓越表现的期待。

——理查德·韦尔曼

步骤3：让大家齐心协力

一旦你决定了独特价值承诺的内容，在开始推动前先停下来进行一次查核。实际上，你的独特价值承诺就是你对顾客的誓言和许诺，从现在到未来的承诺。只要那个誓言在每次顾客和你的公司往来时都能实现，你的独特价值承诺就会受到鼓舞。因此在你大张旗鼓之前，先确认自己能够兑现承诺。

关键思维

说归说，解释归解释，承诺也只是承诺，只有加以实现才是真实的，这是不变的商业法则。

——哈罗德·吉宁，美国ITT公司前总裁

要想在市场上发挥承诺的威力，你就必须养成一种目标导向的组织文化，依照一种绝对且一致的标准实践自己的承诺。这通常需要你的组织成员在心态及一些行为上作出改变。

——理查德·韦尔曼

要让独特价值承诺发挥功效，你必须让最佳顾客和一般顾客得到的经验毫无差别。你必须让你的组织能够依照绝对且一致的标准，兑现你的独特价值承诺——这项要求通常会比想象中更困难。兑现承诺，并且对所有的顾客都做到一样才是关键所在。如果你可以持续不断地达成这项要求，你就会获得真诚的推荐、热情的介绍和正面的评价。兑现你的独特价值承诺，就可以创造好评。

文化
员工
团队

独特价值承诺

一般来说，要持续不断地兑现承诺，有3项要素需密切配合：

（1）你必须进行播种和培育，最终发展成一种承诺导向的文化——让每个人都认同你的独特价值承诺。你必须用鲜明的色彩描绘独特价值承诺的利益，并提供必要的鼓励、领导和授权。你必须身体力行，让员工认真看待独特价值承诺。切记，文化是逐步发展而成，无法瞬间完成设定，所以要有耐心。

（2）你还必须拥有想追求卓越的员工，而不是只想达到最低要求的员工——前者才能为你的独特价值承诺注入生命。经验显示，人们大多会喜爱独特价值承诺的概念，并且也会受到鼓舞去努力实现它。但是如果有人无法做到，你也得做好准备去排除这些不能胜任的人。如果你给员工提供充分机会去同心协力，并且开除那些拒绝配合的人，那么就是在对所有人发出一个明确的信号：你是认真看待这件事的。

（3）你需要承诺导向的团队——那种通力合作确保你兑现承诺的员工团队。丽思卡尔顿酒店广泛受到赞美，是因为它拥有一项完善的政策，允许第一线员工在一定的金额限制内，满足顾客的紧急需求。员工可以当场自行采取行动解决问题，不必征求任何人许可。这或许是一种值得采用的策略性经营模式。

在你的组织内设置一些小型功能性小组，让其负责观察每次与顾客互动的过程中兑现独特价值承诺的情况，这或许是个不错的想法。让小组成员提出一些改造内部流程的方法，如此一来，你就更能以承诺为中心了。

关键思维

你讲求承诺的文化会持续演化。发展承诺导向的团队也是一种持续推进的过程。要在你公司的各个层面传播你的承诺,是一种策略方针及战术承诺,会让你的员工清楚了解全公司都必须兑现承诺的重要性。如果你现在或未来雇用的员工不能实践你的承诺,你就会有不能履行的风险。但是只要有效地沟通、持续地教导、不断地实践,并且适当地给予报酬,大多数人都会有所改变。

——理查德·韦尔曼

为了兑现你的独特价值承诺,必须让大家齐心协力,其绝佳做法就是和员工同乐。如果你们一起做些有趣的事,就会产生绝佳的团队精神。即便只是共进午餐,或是举办团队早餐会,由老板为大家准备早餐,就可以把整个组织团结在一起,共同实现你的独特价值承诺。

要评估大家齐心协力的进展，可以使用下面的调查表：

让大家齐心协力

☐ 我们是否保证每次都能兑现我们的独特价值承诺，不容任何闪失？

☐ 从我们的顾客角度出发来提供价值，对我们而言是否比达成某些内部销售目标更重要？

☐ 顾客对于我们提供价值的表现，是否能够给予清楚的回馈意见？

☐ 我们的组织架构是否能够让我们持续兑现独特价值承诺？

☐ 我们的工作场所是有趣、友善、有弹性且积极正向的吗？

☐ 每一次和顾客的互动都是个性化且人性化的吗？

☐ 我们是否有传播、教导、授权并奖赏以独特价值承诺为导向的行为？

步骤 4：营销你的独特之处

一旦打造出你的独特价值承诺，并且让整个组织始终如一地齐心协力，接下来的步骤就是向你现有的、已流失的和潜在的顾客推销你的独特价值承诺。最佳的执行方式是激起好奇心，而不是通过广告来宣传你的独特价值承诺。

关键思维

如果买家不知道你的存在，他们就不会来打探消息。你必须持续推销，以便让你的地位为人所知，并且完全享有这个地位。你必须扛下明确的责任，占有价值承诺为你的事业创造出来的独特地位。你的目标应该是成为潜在买家心目中首屈一指的企业。通过这个方式，购买的机会之窗就会开启，你也会成为他们第一个、同时也可能是唯一一个探询的对象。

——理查德·韦尔曼

有一种建构营销的好方法，就是把你的年度目标切割成4个特别的90天计划。

90天对营销来说是一种理想的时间架构，因为它让你有60天的时间实现所有的战术步骤，然后再用30天的时间分析成果，并且计划下一个周期应该做什么才会更好。

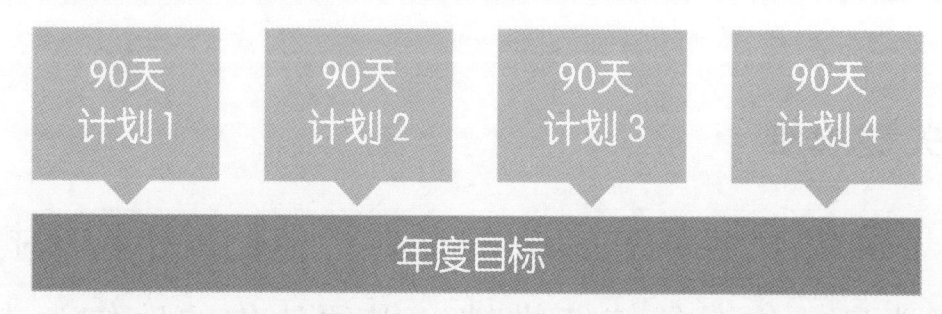

90天计划1	90天计划2	90天计划3	90天计划4
年度目标			

接着你要想清楚在自己所选择的市场上，该如何推出你的独特价值承诺。你可以让你的独特价值承诺显得比较个性化，以便引发大家的好奇心：

◎ 针对某个特定市场或利基。

◎ 针对一个或一些地理区域。

◎ 针对一个或多个市场区隔。

要确保在你所有的电子邮件、对外或对内的语音问候语和你的网站上，一直持续不断地宣扬你的独特价值承诺。你也必须确保不论潜在顾客用什么方式和你接触，他们都会接收到与你的独特价值承诺一致的信息。

接下来的营销重点在于，尽可能让更多的人知道你的独特价值承诺。

你可以用来传播信息的营销工具包括：

◎在你脸书页面的显著位置发布你的独特价值承诺，并且加上顾客的证言和回馈意见。

◎整理一些真实、以消费者为中心、足以体现你的独特价值承诺的影片，然后上传到视频网站上。

◎让你的顾客使用领英（LinkedIn）宣传你提供的产品。

◎定期（每天或每周）在推特上传一些有用的信息及链接。

◎开发影像名片，用它来传达你如何兑现自己的独特价值承诺，然后放到自己的网站和视频网站上供人浏览。

◎把你的独特价值承诺和公司名称放在高速公路广告牌或其他广告标志上。

◎启动一些广告业务，接触你的目标对象。

◎在你的目标顾客可能出现的贸易展览或博览会上进行适当展示。在你的摊位左侧显著地标示你的独特价值承诺，然后在摊位右侧展示你的产品图片，促使人们停下来进行咨询。

◎设计产品说明手册和模型，在封面或正面某个位置标明你的独特价值承诺。激起人们的好奇心，让他们想了解更多。

◎在你寄出的电子邮件或简介的第一或第二行，列出你的独特价值承诺。在你撰写的所有文件中，都加入一段名为"我们的行动计划"的文字，用它来详细说明你的价值承诺和你解决的问题。

◎举办一些特别的活动，联系特定的社交媒体或市场。当你举办非常积极主动的活动时，成果是无可限量的。

◎找出和你的目标对象已经建立关系的企业或组织，和它们一起进行一些推广活动。

◎在你的发票、名片、通讯录、感谢卡、顾客调查、货运标签、公司制服等物件上，展示你的独特价值承诺。把它当作你的主旋律。

关键思维

要推广你的公司并且让你的独特价值承诺被消费者熟悉，有许多新方法，而且未来更是如此。你的目标一定是要不断寻求机会，持续保持在潜在买家心目中首屈一指的地位。

——理查德·韦尔曼

有些人以为成功可以不劳而获、不必努力或是刻意计划，唯一要做的是在适当的时间出现在适当的地点，然后某个幸福瞬间就会降临在自己身上。这种人就叫作失败者。成功人士知道无论在商业还是任何其他事情上，为了成功就必须进行规划，而且必须针对自己的核心价值刻意做出一些选择。在罕见的情况下，有的人会赢得数百万美元的彩票；但是大多数人并不会。迈向成功的关键是要有周详的计划和协调一致的核心动机。

——尼多·昆宾，高点大学校长

步骤5：推销优点

依照顾客的希望，表达你的独特价值承诺。

关键思维

地球上唯一可以影响他人的方式，就是谈论他们想要的事物并告诉他们如何得到。

——戴尔·卡耐基

今日有数千名业务员在街道上游荡，身心俱疲、士气低落且薪资过低。为什么呢？因为他们总是想着自己要什么。他们没想到，不论是你还是我，都没有想要买任何东西。如果我们想买任何东西，就会出门去买。但是你和我对于解决自己的问题，永远都会有兴趣。如果业务员可以说明他们的服务或商品会如何解决我们的问题，他们不需要向我们推销，我们就会买。而且顾客喜欢的感觉是自己在买东西，而不是被推销。

——戴尔·卡耐基

帮助人们得到他们想要的，那么你就会得到你想要的。

——齐格·齐格勒，销售大师

以优点为基础的销售，其威力十足且有效。整件事的原理就是，首先你得知道顾客想达成些什么，然后运用他们的语言，说明你提供的产品确实可以满足他们。你要完全从他们的角度来解说每项功能的优点和情感上的利益。

换句话说，你的独特价值承诺的真正目的是事先筛选潜在顾客——激起他们的兴趣，促使他们打电话找你索取更多信息。这种一开始表现兴趣的意向只是销售对话的开始。接下来，你必须进行深入刺探，找出真正根本的原因，了解他们为什么提出探询，以及他们究竟想达成什么。了解这些之后，你也就知道了如何完成交易，从而让人们采取行动。

要找出顾客真正想要的事物，你应该提出3个问题：

◎ 如果要买一辆新车，你会有哪3项要求？

◎ 如果要买新房，你想要哪3项特色？

◎ 你的独特价值承诺有吸引力的3项理由是什么？

顾客说出的这3个理由是很重要的，因为前两个答案通常是一般听起来很妥当的说法。人们只有在奋力想出这3个理由时，才会说出真正在乎的事。对第3个问题一定要慎重，因为它通常就是为你的产品创造新顾客及粉丝的关键所在。

为什么的力量

> **关键思维**
>
> 现在的销售展示必须完全配合你的独特价值承诺，还要完全阐明你拥有买家想要的东西。因此，销售展示和心态都必须完全转变成顾客的观点。每场展示中只有一种观点是重要的——不是你的，也不是公司的，只有顾客的观点。对这3个问题做深度发掘之后，你就会得到必要的信息，将潜在顾客转变为买家。
>
> ——理查德·韦尔曼

一旦你提出了这3个问题，找出顾客追求的目标，接下来就要把这些目标与你提供的产品功能和利益相联系。

以优点为基础进行销售，其路径如下：

```
┌─────────────────────────┐
│       推销优点          │
└───────────┬─────────────┘
            ▼
┌─────────────────────────┐
│        产品功能         │
├─────────────────────────┤
│ "而这个项目对你的意义是……" │
├─────────────────────────┤
│          优点           │
├─────────────────────────┤
│ "所以对你来说好处是……"  │
├─────────────────────────┤
│          成果           │
└─────────────────────────┘
```

以优点为基础进行销售，其步骤包括：

（1）从产品或服务的功能开始。用一份表格列出6～7项最能让顾客信服的功能。

（2）就每项功能写出明确的优点。要从买方的观点进行说明，而不是你自己的。

（3）对于每项优点，再接着列出可以达成的成果。同样也要从买方的观点加以叙述。例如：

◎马歇尔先生，我们这台复印机提供一份为期5年并包含所有后续服务的方案（功能）。它对你的意义是（衔接叙述）从现在开始5年之内，维修或服务都不需再花任何费用（优点）。你得到的利益就是（衔接叙述）可以免烦恼、免费用但同时拥有它（他们追求的成果）。

◎约翰，我们用的铝质涂层比法规要求的规格还要厚上10％（功能），这对你来说（衔接叙述）意味着在30年之内都不需要再粉刷你的房子（优点）。你真正得到的利益是（衔接叙述）你永远都不需要再列这笔预算了（他们追求的成果）。

当你使用这套以优点为基础的销售手法时，你就会变成一个问题解决专家。你把一套产品功能转译成性能上的优点和情感上的利益，让他们觉得很有说服力。再回头联系到他们早已声明想要追求的成果，你就可以移除前进的障碍。价格仍然会是他们顾虑的项目，但是你可以通过强调产品会衍生出来的价值来加以抵消。

同时，你也会变得和其他业务员不同，因为你是在帮助顾客解决问题，而不是在向他们卖东西。

客户为什么和你做生意

关键思维

深入刺探，然后专注于那些能够帮助买方达成目标的正确功能及对应的优点上，最后再用个人利益把他们套牢。

——理查德·韦尔曼

步骤6：超越顾客的期待

不要安于心满意足的顾客，要创造兴高采烈的拥护者。

关键思维

完全献身服务的企业对利润只会有一种忧虑：它会多到令人不好意思。

——亨利·福特，福特汽车公司创办人

提供理想的顾客服务已经不再足够。没错，它可以创造出满意的顾客，但是在今天的市场竞争环境中，一个只是感到满意的顾客通常谈不上忠诚。你的目标不应该只是拥有心满意足的顾客，而是应该拥有对你的企业感到兴高采烈的拥护者。

——理查德·韦尔曼

创造兴高采烈的拥护者，其关键是：

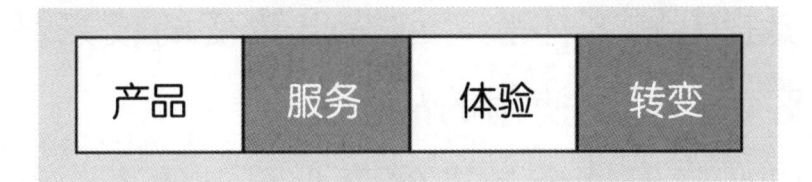

| 产品 | 服务 | 体验 | 转变 |

大多数公司花费所有的时间和精力去谈论他们的产品和服务。但是要想与众不同，你就必须在每次交易时都能够提供一种升级体验，从而兑现你的独特价值承诺。如果你能够持续不断地做到这项要求，你就可以创造出转变的顾客，掌握他们的忠诚度。你能够创造出的转变越多越好。

关键思维

提升顾客体验不是一朝一夕就能达成的。运用你的独特价值承诺作为指导原则。它代表的是你是谁，以及你想在市场上建立什么样的形象。通过每天、每周和每个月都做出一些小小的改变来加以实现，你就会让所有顾客逐渐得到持续升级的体验。

——理查德·韦尔曼

要提升顾客体验，创造出转变的或兴高采烈的顾客，你可以使用的战术是：

（1）确保每个走进你营业网点的人，都会得到温馨和蔼的问候。这样做会建立良好的氛围。

（2）总是称呼顾客的名字——产生一种归属感和个性化的体验。

（3）确保你的公共区域干净整洁，摆设一些最新资料，并且骄傲地展示你的独特价值承诺。

（4）训练每个人，让他们都会使用良好的电话礼仪。

（5）交易完成时要把你的顾客送出去。用一种积极且专业的语气结束他们的拜访。

（6）事前总是先确认预约，并且在必要时寄送行程表。

（7）留意私人性质的接触，比如记得重要的周年纪念日、寄送亲笔感谢函等等。

（8）为新顾客建立最新的"使用手册"，帮助顾客发挥产品的最大价值。

（9）设定实际的时间表，让你可以根据承诺，提供超出预期的价值。如果你即将错过截止期限，也要事先让他们知道，并与他们接触。

（10）总是贯彻到底，不论遭遇任何状况，都要完成你承诺的事。

（11）总是聆听新顾客的要求，并且弄清楚自己如何能够持续并逐步提升服务水准。

（12）建立书面的服务和体验协议，确保一致性和遵循标准。

（13）发布你的价值观念，让组织中的每个人都能知晓并认同。

（14）协同思考和作业——让团队中的每个人都专注于找到提升顾客体验的方法。

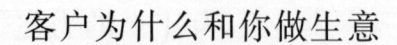

要创造出忠诚的顾客，独特价值承诺就是你需要的关键工具。如果你长期对组织进行微调以提供更多的价值，甚至会有更多新顾客是被独特价值承诺吸引而来。不要只试着融入大家庭，要试着突显自己，要领先群伦。创造兴高采烈的顾客，让你的独特价值承诺变成真的，你的事业也将发生转折性的改变。

关键思维

抛开对正确的执着追求，你的心胸突然间就会变得更开阔。

——罗夫·马司顿，作家

从你的观点来看，你的公司或许很不错，但消费者仍然渴求一家能从他们的观点去了解、沟通并且提供产品给他们的企业。要创造一次独特的出场，就必须改变你看待事物及做事的方法。宣扬你的特性和功能不再是推销的主力。相反，你必须承认那股力量来自了解人们为什么去探询，以及最后向你购买的理由。

——理查德·韦尔曼

无法改变自己心态的人，也改变不了任何事。

——萧伯纳，剧作家

只是在潜在顾客面前有一些曝光度，已经不再足够了。从消费者挑选的企业和购买的选项中脱颖而出，并且被认为是与众不同，这才是成功的关键。

——理查德·韦尔曼

> 延伸阅读

抓住消费者的心，就抓住了市场的独特地位

营销战的胜负只发生在一个地方：顾客的心中。与其尝试讨好所有的人，不如锁定营销重点。让顾客有更多机会参与到产品的研发中，就能为公司激发出一股庞大的能量。

产品定位是以有组织的方式在潜在顾客心中创造出产品知名度。定位的基本目标不是创造新的或不同的产品，而是让产品或服务与潜在顾客心中既存的印象产生有意义的联系。

发展独特定位的6个思考问题

公司要想成功，就必须在潜在顾客心中创造出独特而长久的定位，让顾客产生熟悉感。有效的定位策略不仅要考量竞争者在潜在顾客心中的既有定位，也要考量公司本身的优缺点。

问题1：你目前在潜在顾客心中占据何种地位？

先找一些潜在顾客聊聊，了解他们对你的公司及产品有何评价。确切掌握你现在的位置之后才能继续往前走，寻找目前有哪些认知、感受能够和产品或服务产生联结。

问题2：你希望占据何种地位？

你绝不可能讨好所有人，因此，要力求明确。长期而言，你希望在消费者心中占据何种地位？最重要的是，你能够在市场上成功捍卫何种地位？

问题3：在建立自己希望的定位时，你将会面对哪些竞争对手？

通常这是最大的问题。不要只从自己的角度看事情，至少应该有一半的时间是从竞争对手的角度来看问题。在为产品寻找定位的同时，你必须重新定位竞争对手的产品。

问题4：你是否有足够的资金？

创造知名度需要资金，建立并维持产品定位也需要资金。如果你没有足够的资金以全国为目标，最好缩小地理范围，专注在特定的市场来建立定位。

问题5：你是否能坚持到底？

定位是累进式的作业——每年的努力都会以前一年的成果为基础。一旦定位策略确定，就必须年复一年地坚持下去才能有所收获。

问题6：你是否符合自己的定位？

一旦你决定了定位目标，公司的所有资源与产品都必须互相配合才能成功。配合的过程中是否会造成任何内在冲突，例如被迫做一些事后让你不安的事，或根本不符合你的性格或公司文化的事情？与其等到事后造成长期冲突，不如在发展定位策略时就考量这些问题。

顾客主导创新5步骤

"由外而内"地进行创新，会比想尽办法找

来最聪明的产品研发人员更有效。只要提供有效的工具，聪明机灵的顾客就能创造出更具吸引力的产品，这种创造效率即使用尽公司所有资源进行研发也比不上。

步骤1：找出明智的顾客，观察顾客的行为

要进行创新，最快速、最有效的方法就是：善用明智顾客提出的创意和构想。这些明智顾客非常喜爱你所属的产业，而且对这个产业也有深入的了解。只要观察这些顾客在日常生活中是怎么使用公司的产品或服务，并且探询他们真正希望达到的目标，就可以得到非常宝贵的见解。

步骤2：提供给顾客可用的工具

如果能够让顾客轻松利用公司的产品与服务，规划出符合其需求的解决方案，就可以了解顾客真正希望达成的目标。要实际做到这点，最有效的方法是，给顾客提供可用的工具，让顾客自行规划，其他人不要插手协助。

步骤3：设立并经营社交媒体

只要努力加入顾客参与的社交媒体，就能获得许多新鲜构想，可以设计出顾客愿意购买的创意。事实上，社交媒体是非常值得参考的构想，如专门为了延揽顾客担任顾问而设立社交媒体，请顾客协助规划公司的发展，都是十分合理的做法。

步骤4：让顾客有机会展现实力

对贡献型顾客来说，一种最有效的激励方式就是建立论坛，让顾客能够向其他人展现自己的聪明才智。大多数人都喜欢别人称赞自己的才智与创意，如果能够善加利用这种人性倾向，就能大大提升顾客主导创新的机会。

步骤5：让顾客参与到产品的生产中来

现在的顾客不喜欢被当作销售对象，反而希望卷起袖子，了解你公司的运营流程，在产品的生产过程中"参一脚"。不要抗拒，要善用这个趋势，积极构思出卓越的产品构想。

冲破停滞点

破解 9 大症结，助力企业成长新动力

The Sticking Point Solution

9 Ways to Move Your Business from Stagnation to Stunning Growth in Tough Economic Times

原著作者简介

杰·亚伯拉罕（Jay Abraham），被公认为"国际第一营销管理大师"，辅导过横跨400种产业、超过1万名的客户。亚伯拉罕创立了亚伯拉罕顾问公司并担任董事长，获得《今日美国》《纽约时报》《洛杉矶时报》《华盛顿邮报》《企业家》《成功》等报刊杂志的一致推崇。亚伯拉罕擅长解决营销方面的实际问题以及找出提高获利的创新方法。

本文编译：黄玩

主要内容

关键词解读	停滞点/57
	交换利益/59
主题看板	问题可以是潜在优势/61
5分钟摘要	企业经营的停滞点/64
轻松读大师	一　竞争/66
	二　销售量过低/70
	三　销售量不稳定/76
	四　策略不佳/81
	五　高成本/86
	六　原地踏步/90
	七　边缘化/96
	八　营销不佳/100
	九　事必躬亲/105

关键词解读

停滞点

台湾城邦出版集团CEO何飞鹏在著作《自慢2：以身相殉》中提到，自己在创业初期投入大量心力，却始终无法为公司带来突破，直到有一天被人点醒，才知道自己的症结所在：用同样的方法做事，却期待会有不同的结果。

停滞点可以指双方在谈判中无法达成共识，谈判于此时陷入僵局，或是一个人正面对的问题症结。然而，停滞点也正是突破成长的关键。经营企业时，只要找出问题出在哪里并解决问题，这样就能让情况转为对自己有利。如此一来，企业的停滞点就能成为转折点。

亚伯拉罕贯穿全文的关键字，就是独占与信任。亚伯拉罕不断强调，解决顾客的真正需求才是企业成长的最佳方法。只要在经营的市场内能

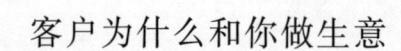

成为顾客眼中最好的选择,就能成为该市场的独家,并与顾客维持长久的关系。要达到这样的目标,最好的方法就是成为客户的咨询者,而非商品的推销者。真心为客户着想,就能从与客户的沟通中得知如何去提升产品和服务。即使将客户转介给其他能够为其服务的人,甚至是竞争对手也没关系。不论产品和服务最终是否卖出去,都能获得客户的感谢与认同。唯有通过信息与实际利益的分享,建立与客户间的信赖关系,才能培养出专属的客户群。一旦建立起专业形象,自然就能建立公司的不可取代性。要想突破企业的停滞点,如同亚伯拉罕所说的,就要成为客户所信任的终身顾问、业界领袖。

交换利益

交换利益指以价格相当的物品互相交换,也就是互取所需、互助互惠的意思。在许多电影中都可听到这个说法,例如《沉默的羔羊》中朱迪·福斯特与安东尼·霍普金斯在戏中互相刺探、换取对方所需的情报。

亚伯拉罕的咨询式销售,就是运用交换利益的方式。企业应该扮演客户顾问的角色,提供有价值的建议,而他们则以和你往来作为回报。在国际间的谈判中更常看到交换利益的使用,此时它等于一种国际间平等互惠的交换。改编自真实故事的电影《惊爆十三天》,描述了古巴导弹危机的过程,其中也有一段巧妙运用交换利益的情节。

1962年古巴导弹危机爆发,苏联在古巴部署导弹，对美国安全造成威胁。美国于是和苏联进行谈判，承诺以不侵略古巴作为交换，要求苏联把部署在古巴的导弹撤走。苏联便也要求美国把部署在土耳其的导弹撤走。如果美国照办，等于以盟邦安全来交换自身安全，在形象上是一大打击。眼见大战一触即发，美国司法部长罗伯特·肯尼迪约苏联驻美大使杜布莱宁到司法部谈判。在谈判过程中，肯尼迪表示，古巴导弹和土耳其导弹两者之间不能有任何交换利益，却又补充美国原本就打算撤走土耳其的导弹，在危机解除后就会有所动作。结果这个谈判战术奏效，苏联把古巴导弹撤走。几个月后美国也撤走了在土耳其的导弹。谈判的关键在于交换利益背后隐含的意思，双方达成了一种非交换利益关系的默契，只要两者看不出来是交换的关系，任何条件都是可以谈的。

> 主题看板

问题可以是潜在优势

杰·亚伯拉罕，被誉为国际第一的营销大师，尤其在直销界有"营销之神"的称号，1小时5000美元、1天5万美元的咨询或演讲的高收费令人咋舌。至于亚伯拉罕所创办的顾问公司，5天的研讨会每人要价2.5万美元。到底他能够提供什么样的帮助，以至于收取如此高额的费用？

亚伯拉罕曾于2007年6月在台湾地区举办为期1天的课程（收费同样惊人，每人要价新台币2.1万元）。在演讲过程中，他提出了几个辅导过的个案，让公司里原本没有效益的领域转变为获利，其中一个例子是：

有一家教育培训机构，每年都要投入大笔营销费用来获取客户名单，然而成交率却只有5%。

面对该机构的这个问题，亚伯拉罕认为，客户之所以会来电或留资料，就表示有需求。未成交客户不代表没有需求，而是代表这个机构的课程不符合客户原本的认知，或是不符合他们的需求。所以他的建议是，要这个机构将95％未成交名单转介给其他同行。这样一个转问题为商机的策略，为这家机构创造了额外的收入。

这就是亚伯拉罕擅长的方面，要大家突破习以为常的思维和行为模式，不要被问题框住。但有时候，问题反而是：不知道问题在哪里。

亚伯拉罕认为企业陷入停滞时，企业主或高级主管甚至可能浑然不觉。或者，企业也可能在逐年成长的同时，却陷自己于停滞的状况。为什么？就因为主事者搞错重点，也就是说根本不知道造成停滞的可能问题是什么，又何谈解决办法？

因此亚伯拉罕提出了9个停滞点，也就是9种造成公司停滞的可能原因，帮助创业者或主管去发掘问题所在。而更重要的是，这9个问题的解决方案，有可能帮助企业找出潜在力量，用来作为领先群雄的策略。

要冲破成长停滞点，就好像要打破表面张力一样，除了从这9个点施力外，还可以去发掘隐藏的商机，以及获得突破发展限制的力量。

5分钟摘要

企业经营的停滞点

成功的企业会让营收和利润年复一年地持续增长。数字不会骗人,它们是判断企业经营成功与否的关键指标,即使是处于经济形势非常严峻的时期,也一样要维持这样的增长。如果目前没有增长,有可能是因为你停滞于当前的绩效水准。是时候让你的事业成长了,即便处于困难时期也一样。

有9大领域会经常成为企业经营的停滞点或是绩效的障碍,分别是:

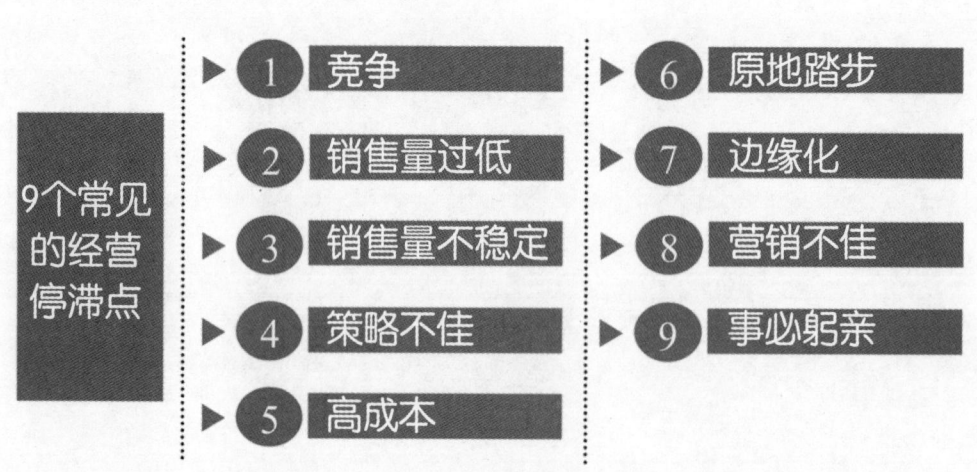

9个常见的经营停滞点	
1 竞争	6 原地踏步
2 销售量过低	7 边缘化
3 销售量不稳定	8 营销不佳
4 策略不佳	9 事必躬亲
5 高成本	

冲破停滞点

找出目前有哪些停滞点影响你企业的发展，并设法克服这些瓶颈，就可以回归正轨，追求更优异的绩效。即使经济不景气，也还是可以茁壮成长的。

关键思维

命运就等着你自己去掌握，所以要勇敢地跨出第一步。从挣扎求生进步到茁壮成长，再达成几何级数的成长，让经营事业成为一种对你和你所服务的每一个人都倍感愉悦的体验。就是现在，赶紧解放自己吧！你一定做得到，不仅容易愉快，而且获利颇丰。掌握自己的命运，把消极和疑虑都丢给竞争对手，等着他们把客户拱手让给你。

——杰·亚伯拉罕

一　竞争

问题：竞争对手的产品可能没有你的好，但他们目前的定位、营销和销售能力却比较好。

解决方案：规划并施行比较实际、有所创新的新营销构想，力求超越竞争者。

如果你被竞争对手超越，就得开始改变做法，尤其必须调整你的营销方式，才能使自己脱颖而出。要想达成这样的突破，通常必须经过两个营销阶段：

（1）最佳化——找出营销组合中有效的部分，再设法让它发挥数倍的效果。

（2）创新——开始设计一些前所未有的具有突破性营销方法。

要想让事业更上一层楼，就必须在营销上同时做到最佳化及创新。这两者是相辅相成的，具体来说：

◎要让现行的营销流程最佳化，就要先评量目前营销的成效如何，然后进行修正，从而进一步提升营销绩效。要想改变做法并评量结果，可尝试各种不同的方法，找出比较有效的方法，然后扩大其应用范围并加以发挥到最大化。按照这种方法持续进行下去，直到你确信自己是运用了绩效最佳的方式，能够带来更多生意为止。

◎当你已经从现行的营销方式中榨出最后一丝绩效之后，接着就要开始寻找有哪些新的营销概念可以尝试。这通常是要借鉴其他产业使用过的营销构想，然后依自己的需求加以调整。要寻找有哪些适合的杠杆点，能够整合到你的产品或服务的营销方法当中，这就是营销创新的核心所在。

绝佳的营销可以在市场上创造出杠杆效果，如果你使用的方法比其他人都要好，就可以达成突破性的绩效。有相当多的企业根本不做营销，更少有企业会找时间去追踪绩效，并努力改善各种不同的营销变数。只要先将营销最佳化，再采用不同的新的营销方法，你就可以领先群雄。

营销是对自己事业前途的投资，优异的营销能够大幅提升你的利润，如果认真做营销，利润每年增加200%也是很常见的。这样的说法来自于一句营销箴言：如果你改变营销策略，绩效也自然会改变。

大多数的中小企业主都没有采取长期的营销策略，反而只靠来自四面八方的微薄收益生存。其实大可不必如此，你应该制定出营销策略，然后按部就班地让自己的一切行动都符合这项整体策略。

最理想的营销策略，无疑就是取得业界"最高"地位，也就是在市场中享有高曝光度，并被视为产业的佼佼者。要做到这一点，最明智的方法就是，告诉顾客在购买和你同类型的产品时，应该用哪些标准来选择，然后努力确保自己的产品或服务是唯一能够完全符合这些标准的。就算你无法成为唯一一家符合这些标准的企业，最起码也要最早让市场知道你符合这些标准。这样可以为你建立起信誉，而大家就会把你视为其他业者奋力追赶的市场领导者，这会对你非常有利。服务顾客要做到业界最好，并且要让全世界都知道。

二　销售量过低

问题：你的产品销售量可能不够多，顾客群不够大，而且回购率不够高，不足以让自己的事业维持生存和获利。

解决方案：改变现行不成功的经营方式，代之以能让自己在未来成功的方式。改变销售战术，使自己达到这项目标。

如果公司目前的绩效十分不稳定，改善的唯一方法就是，改变争取新生意的方式。要想稳定地争取到更多生意，可以尝试调整以下几个方面：

（1）改变业务人员推销产品或服务的方式——或许可以改用类似咨询式销售的方式。如果采取咨询式销售，顾客会购买是因为信任你，并且重视你和他们之间建立起的关系。他们相信你扮演的是他们顾问的角色，而不是只想推销商品的业务员。你会给他们提供有价值的建议，而他们则以和你往来作为回报，也就是所谓"交换利益"的方式。训练业务人员时要多加运用咨询式销售的方法，并思考如果角色互换，自己希望得到什么样的对待，就努力用这种方式对待顾客。

（2）改变广告方式——开始着重于广告对象的需求，而不是自己产品或服务的功能。要想让自己的广告具有吸引力，就要做到：运用绝佳的标题，说明你公司的独特之处，转移顾客风险，提出明确的行动口号，提供有助于立即决定购买的优惠，而且别忘了为你的促销方案做简要的总结，让所有内容都清楚明了。

（3）改变公司网站的呈现方式——让顾客更容易了解你提供了哪些商品，并且更方便购买。如果你公司的网页设计得既实用又有次序、步骤既分明又有条理，顾客就会购买。每个网页都要设置直接购买的链接，让人清楚了解下一步该做什么。

（4）改变创造杠杆效果的方式——和其他组织发展出新的合作伙伴关系，和不同公司组成合资事业，设法运用其他公司现有的销售人力。持续做不同的新尝试。

（5）改变你的诉求——设计出令人绝对无法拒绝的方案。你在营销上所运用的诉求，要源自你能带给市场的效益，要用崭新的眼光看待自己的商品。在传达诉求的时候，要让消费者惊喜地说"哇"，而不是"那又怎么样"，运用清晰而引人注目的文字，详细说明你能带来的效益。如果你是参加商业展览，不要用写着公司名称的无聊看板，而应该在上面醒目地标示出："可以提升获利35％以上的生产管理工具，保证有效。"

（6）改变你的独特销售主张（USP）——也就是使你的事业与众不同的关键因素。要想设计出绝佳的USP，就要找出市场真正的需求，然后证明自己是唯一可以提供适当解决方案的。要记住，你不仅要具备独特性，还必须让人感到值得信赖。你的 USP 要能清楚地说明你所从事的业务，以及你为什么可以表现得比其他厂商更好。做好这一点后，那么剩下的就是要把诉求传播出去。

关键思维

你知不知道？在市场情况不好时，你可以从很多顶尖的竞争者手中抢走 15%～20% 的生意，取得市场上 20%～30% 的新生意，并且靠着主动上门的顾客，多达成 30% 或 40% 以上的销售转换率。我提出的这些数字不是凭空捏造而来，我亲眼见到这些数字一再真实发生。算算看，这可是几何级数的增长。这是值得相信的改变。

——杰·亚伯拉罕

我的人生哲学很简单：你不应该跟自己过不去。如果你准备将自己的人生投入于一家企业、投入于创造财富，以及投入于家庭的安定，如果其他人，包括你的同事、团队、员工及合作厂商，要将他们的人生投入于你的事业，你就有责任为了你自己和其他所有人，达成最好、最高的成果。当你现在甚至永久可以得到更多成果的时候，不管你付出相同或较少的努力、运用同样或较少的人力、耗费相同或较少的时间、拥有相同或较少的资本，还是有相同或较少的机会成本，你都永远不应该接受微不足道的成果。

——杰·亚伯拉罕

成功经营其实很简单，就是要找出"被忽略"或改变中的需求，然后以无人能及的智慧、同理心和理解去满足这个需求。简单来说，你要解决的是那些大家连说都说不清楚的问题。在时局艰难的时候，你和你的竞争对手很可能连你们要努力克服的问题是什么都不知道。你甚至可能无法用言语叙述这些问题，至于找出解决方案就更不用说了。然而如果你很清楚自己所面对、并试图解决的是什么问题，你就可以成为为自己和市场解决这些问题的专家。如果你能做到，就会有丰厚的报酬等着你。

有一些企业确实可以在时局艰难的时候灵活采取不同策略，比如采取了成长导向的策略，从而掌握到市场上绝大多数的新客户。而更重要的是，运用正当的方法可以从其他竞争者手中掌握到或"抢走"15％～20％的最佳顾客。

三　销售量不稳定

问题：你目前的销售量不稳定而且无法预期，这会使你无法事先做规划。

解决方案：拟定转移策略，强化并提升你和顾客、推介者等人群的关系。

如果你无法使不稳定的销售量趋于平稳，但还想继续前进，办法就是开始针对自己的事业拟定策略、加以分析，然后建立系统。具体说明如下：

（1）策略——问自己："我们想要吸引什么类型的消费者或企业成为我们的客户，原因是什么？"所谓的策略也就是你打算运用什么方法，去接触具有哪些特性的潜在顾客，并将他们转变为客户，然后维持长期的关系，持续地向他们销售产品或服务。你必须对市场进行研究，让自己能确切说明：

◎ 哪些人是你最佳的潜在顾客。

◎ 这些人为何需要你的产品。

◎ 对你产品或服务的需求程度有多高。

◎ 你竞争对手的表现如何。

（2）分析——找出最佳或最理想的方法来吸引新的生意。根据来源的不同来追踪新生意的价值，你很可能会发现，你的利润有绝大部分是单一来源。很可能是20%的顾客提供了你80%的获利。找出这些绝佳顾客是哪些人，还有他们的需求是什么，从而改变运营模式来符合他们的需求。唯有深入研究这些你已经拥有、却从未真正深入分析的资料，才有可能了解绝佳顾客及其需求。如果你不了解那20%的最佳顾客到底是谁，当然就无法全心服务于这些顾客。分析要见到效果，不一定要非常详尽。追踪各个客户的来源，然后预测：

◎ 他们未来可能会购买什么商品。

◎ 他们多久会向你购买一次。

◎ 他们会持续向你购买多长时间。

（3）为自己的事业建立系统——运用你的研究结果在市场上测试你的假设。要先根据资料了解什么样的方案会受到市场欢迎，接着就是要验证你的这个结论。要积极采取最可能在未来创造出稳定销售量的方法，而不是一切听天由命。这就是策略可以好好发挥的地方。要建立系统以开发新的潜在客户，再建立更多系统将这些潜在顾客转换成客户，然后再建立更多的系统以增加每位客户购买的次数。

当你密切整合了健全的策略，确实分析了过去的绩效数据，以及建立了绝佳的系统之后，你就会发现公司的销售量变得平稳了。你将可以维持更长时间的稳定，因为你会打下稳固的基础，可以在这个基础上继续发展和扩张。借着持续调整公司的营销引擎并达到最佳化，你也会更有信心，相信自己能够让事业更上一层楼。当你综合运用了科学和数学，就可以达成这样的结果。你可以发展一些推论然后加以测试，借以确切证明哪些方法适合用在自己提供的产品或服务上，哪些不适合。很少有企业会这么做。

关键思维

唯有营销及创新才能产出成果，其余的全都是成本。

——彼得·德鲁克，现代管理学之父

当你不再做改变时，你就完了。

——布鲁斯·巴顿，广告大师

有很多流程可以帮助你分析资料，但是在开始时，要先观察你的顾客群。找出你的潜在顾客群，并问问自己是否了解，以来源区分，开发一位潜在顾客的成本是多少，因为两位不同潜在顾客的价值很少会是相同的。举例来说，一位经过推介而来的潜在顾客，就是你和其中一位最佳现有客户建立起关系而得的结果，会比随意通过电话簿或报纸广告找上你的潜在顾客更有价值。然而这可能会因为公司以及产业的不同而有所差异。你必须自己分析这些资料、找出每位潜在顾客及客户的成本和价值，然后设计出一套系统，让自己了解到的事实能够发挥最大的长期价值。

——杰·亚伯拉罕

懂得运用策略的公司，会建立持续改进的系统，不断将潜在顾客转换成客户。这些公司仔细分析过销售资料，借以找出量化资料，了解不同类型的潜在顾客，以及不同来源之间的关联性。可惜的是，很少有企业确实这么做。

——杰·亚伯拉罕

四　策略不佳

问题：你可能把80％的时间，花在没有效益又不具策略意义的运营活动上。

解决方案：更灵活地运用策略，将时间运用在3～5个可以创造最多价值的活动上，借此让效率成倍增长。

要想拟定好的经营策略，就一定要先从时间管理这项基础原则出发。从经营的角度来看，你拥有3项珍贵的无形资产：

（1）时间。

（2）心力。

（3）所有行动的机会成本。

不要浪费上述任何一项无形资产，这对你非常重要。而要做到这一点，关键就在于：让你做的每一件事都能确实通过"最有效使用"的考验。换句话说，策略其实就是为了让你的时间、公司资产、人际关系、机会和现金，能够尽量达到最有效使用。你必须努力让自己的资源发挥最大的潜能。花费在让资产发挥最大效能的时间越多，成果就会越理想。

很少会有人真正下功夫去弄清楚，到底怎样才能让自己的时间达到最有效使用。以下是可以用来帮自己判断的考量因素：

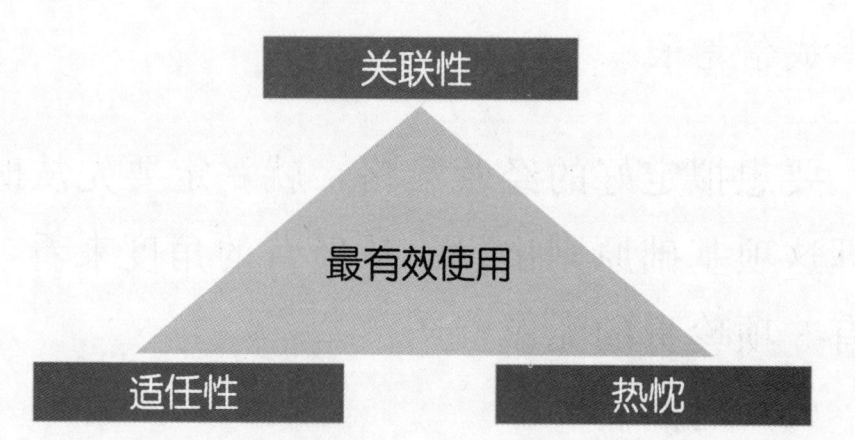

```
           关联性
            /\
           /  \
          / 最有效 \
         /  使用   \
        /_____\
    适任性          热忱
```

评估自己每天进行的每一项工作，并且问自己：

◎"这项工作和我个人想达成的目标，或是公司的努力方向有没有关联？"

◎"跟某个我可以很容易聘请到的人比起来，

我是不是更胜任这项工作？"

◎"我个人对这项工作有没有热忱？"

如果有任何一个答案是"否"，那么你就不应该负责这些工作，而应该把工作分派给其他可以做得更好的人。你大可视情况随时检视他们的工作状况，但是要把所有自己不能做到最好的事务都分派出去。这样可以帮你挪出时间，专注于可以为组织创造最多价值的事务上，毕竟，这才是完善策略计划的核心。

要注意的是，如果你认为自己请不起助理来帮你处理这些工作，你就要发挥更大的创意。即使你无法支付传统观念中的薪水，也可以去接洽有闲暇的行政助理，或许会有人对各种有创意的薪酬方案感兴趣。你或许可以用他们想要的东西来交换，也可以提议让他们依据你招揽来的新生意分享特定比例的奖金，还可以提议让他们分得最终新增的利润。可行方案有无限种。

要挪出更多时间去规划公司的发展，而不只

是执行运营的工作。有个重要的方法，就是要有效率地安排自己处理电子邮件、电话以及会议的方式。聘请人员帮你阅读电子邮件并代为适当回复。每一场会议都必须制订出议程和时间限制。只有在你方便的时间才回电，不要随时随地都回电。制订出一套完善的方法，让你可以投入更多时间，在行程表中加进能够提高生产力、促进增长的活动。

要想灵活运用策略，就必须在前进的过程中随时调整。如果目前的方法未见成效，就要找出哪些战术必须调整。采取一些行动让客户知道你了解他们经历的状况，并且感同身受。把强化自己和现有客户的关系，当作思考的重点。让客户知道你了解他们的需求，并且已经投入资源去开发可供他们运用的解决方案，而且真心希望他们能够越来越顺利。以客户为导向并为他们解决问题，把这当作你运营策略中不可或缺的一部分，你就能持续拥有大量的客户。

你的运营策略		
P	P	P
目标	可能性	热忱

这3项因素攸关你事业成功与否，因此也是你运营策略的核心。

（1）目标——你的事业表现得比任何人都要好、能带给市场更大的益处。

（2）可能性——你在未来可以为顾客体验或者为世界增添的益处。

（3）热忱——你对自己从事的工作以及你的事业所影响的市场，所具备的热爱。

关键思维

把这3个"P"当作是你运营策略的工具，它们会让你的梦想开始实现。时间和资源管理的"最有效使用"，则是你出发之前的检查表。

——杰·亚伯拉罕

五　高成本

问题：你可能因为成本过高，耗尽了事业所有的利润，因而陷于停滞。

解决方案：评量并追踪各种运营活动的投资报酬率，尤其是营销活动。然后多加运用有效的方式。

你或许可以顺利地让资金流入公司，但挑战可能在于如何避免资金因为固定成本等支出又马上流出去。补救办法是开始追踪然后提升所有运营支出的投资报酬率。

你必须评量所有运营投资的报酬率，尤其是营销方面。将你的事业细分成各个子要素或流程，然后就各个项目制定出量化的评量标准。开始持续而系统地评量一项流程之后，就可以着手做新的尝试以改善各项活动。提升各个子要素的投资报酬率所累积下来的成果，将会为你事业的整体获利带来惊人的成长。

以下几个诀窍可以帮助你降低成本和支出：

（1）尽量多运用交换的方式——因为这是提升投资报酬率非常强有力的方法。绝佳的交换条件可以做到皆大欢喜。可以用很多不同而有创意的方法来进行交换：

◎可以在资本支出上节省现金。

◎可以在未来使用的兑换券。

◎可以把通过交换取得的资产转换为现金。

◎可以一次和多方达成交易。

◎可以搭别人成功的顺风车。

◎可以用交换来的商品当作给员工的红利。

◎可以保有自己的现金资源。

（2）以投资报酬率为参考依据，就可以在采购额度过高或过低之间取得适当的平衡——这对任何企业来说都很重要。不要保留没有效益的固定资产，因为这样会严重降低你的投资报酬率。

同时，如果有些工具可以大幅提升员工的生产力，或是会影响顾客体验的品质，而你却在这些项目上斤斤计较，也不是明智的做法。了解到你的投资报酬率之后，你才能更了解什么时候投资更多资产是有道理的，什么时候不是。

（3）也可以在员工激励方案上运用投资报酬率的概念——与其支付固定的薪水，不如采取底薪加变动薪资的方式，例如依照所争取到的新生意给予一定比例的奖金。让你的业务人员在超过自己责任额度的时候，有机会赚得更丰厚的收入。你可以通过各式各样有创意的方式支付薪水，以达成你希望和需要的成果。

（4）运用合资和合伙的方式——借以提升投资报酬率。每当你和另外一方策略结盟，就等于自己几乎不需要投资现金，而是可以利用对方的资产。这样所产生的后续效应，就是可以快速而惊人地提升你的投资报酬率。合资事业有另外一个惊人的优点，就是你不会有任何风险。那些资产是对方现成的,所以你不必做任何初期投资,就可以和对方站在同样的基础之上。

(5)研究是否可以创造出更好的新组合——将搭售商品整合到你的产品或服务当中。利用大量采购的优势,增加一些对顾客而言具有高度认知价值的品项,然后设计出市场上独一无二的组合,让局面转为对自己有利。

(6)改变投资时间表——找出哪些基础设施更新了就可以更快产生财务收益。要求员工从几乎可以立即回收报酬的角度去作决策,不要非得等个4~5年的时间才能回收,到那时公司还在不在都是个问题。

六　原地踏步

问题：你会觉得自己裹足不前，和业界所有人用一样的方法、做一样的事。你墨守成规，无法进步。

解决方案：不要再用没有效果的方法，对不同方法要多进行测试并评量成效，借此找出有效的办法。要构思出具有突破性的解决方案。

竟然有这么多企业自然而然地"盲目从众"，实在令人惊讶。这表示之所以采取某些做法，纯粹是因为业界一向都这么做。如果你真心希望自己能领先群雄，就必须采取更理想的做法，让自己显得与众不同。如果你一直运用和大家相同的方式，就永远无法超越所有的同行。

要了解自己是不是井底之蛙，可以回答下列问题：

◎我们目前进行的是什么业务？

◎我们现在服务的市场是哪些？

◎我们如何进入这些市场？

◎我们还知道多少方法可以进到这些市场？

◎我们现在有哪些可以搭售的产品或服务？

◎如果我们进行尝试，还可以多想出哪些搭售商品？

◎我们可以把更多搭售商品外包给哪些厂商？

◎有谁已经在接触我们的潜在顾客？

◎我们争取到的新顾客，其终身价值是多少？

记下你目前对这些问题的答案，然后开始观察其他产业的现状。其他产业中有没有共通的最佳做法，可以应用到自己的产业中，而成为突破性的构想？将其他人的做法拆解成详细的流程，研究一下是否可以将这些项目加以调整，整合到自己的做法当中，产生新颖又独特的事物。

在那"美好的旧时光"里，通常是聘用以佣金计酬的业务人员，然后让他们在负责的区域内自由发挥。这种方式在过去或许有效，但是到了今天，最好将你的业务团队转换成高度专业化的装配线。将你的整个营销流程分解成单个的活动，然后让擅长特定活动的人员专心去做那项工作。

通过重新规划安排组织及管理业务团队的方式，你或许就可以大幅提升各个组成要项的生产力。勇敢挑战传统的做法，运气好的话，或许就可以设计出无与伦比的新经营模式。只要能够做到，这会是脱颖而出的好办法。

要突破现状并带领事业向前迈进，必须找出所有妨碍你前进的包袱，并甩开它们。能够做到这一点，就会源源不绝地产生新生意。以下是6种最常见的包袱，以及甩开这些包袱的方法：

（1）不计一切代价避免错误。

解决方案：允许自己犯错。每当你做新的尝

试时，就一定会发生这种状况，不用担心，把错误当作是进步所必须付出的代价。做新的尝试，把有用的保留下来。

（2）没有妥善搜集信息。

解决方案：随时追踪运营资料并搜集信息。胡搞瞎搞是不会有任何成效的，如果不搜集资料，了解潜在顾客对你的促销方案、销售文案及产品的接受度，就会承受这种风险。

（3）把整个事业视为一体。

解决方案：不要把你的公司看作是一套庞大的系统，而应该当作是许多互相关联的小型系统。你应该努力让每一个组成要项达到最佳化。

（4）你的生产力没有自己希望的那么高。

解决方案：试着实施节省时间的策略。有一个特别的方法是，让自己远离互联网整整24小时，看看是不是马上变得更有生产力，然后汲取这个教训。

（5）没有一个智囊团来帮助你。

解决方案：找出你可以随时联系的杰出商业人士，建立起稳固的人际网，利用网络世界中的各种工具和他们保持联络。邀请拥有必要资源以及能够执行必要专业任务的人才，加入你的网络。

（6）顾客在你的销售过程中会遇到阻碍。

解决方案：彻底检视并按部就班地找出这些阻碍，然后一一加以处理。

要突破现状并带领事业向前迈进，你必须重振你的业务团队，而最好的方法则是：

◎ 使业务团队现行的做法达到最佳化。

◎ 寻求创新方法以达成更多成果。

很多企业发现，将整个销售流程分解成各个不同的子流程，接着由专精于各个领域的人员负责管理各项子流程，整体业绩就会有惊人的提升。你应该分析自己的事业，看看类似的做法是否也能为你的公司带来几何级数的增长。尝试新的最佳化构想，通过实际应用来测试并比较其结果。一定会有适合你的新构想，然后与现行的做法做比较。这些新方法不一定是前所未见的，有可能是由一些旧元素、已知的事实和新科技结合而成。重点是，要跳脱现状，绝对不要失去自己的好奇心，敢于做新的尝试并比较其结果。

七　边缘化

问题：你或许认为自己销售的商品和大家如出一辙，所以必须在价格上进行竞争。

解决方案：借着增加价值，设想出新的方法让自己的产品显得与众不同。脱颖而出，才能成为卓越的领先者。

如果你认为自己的产品或服务只是大众商品，而你公司的表现与业界其他人都一样，那么这个预言就会自动应验。你会被市场边缘化，而大家都会把你的产品或服务当作是大众商品。要避免这种状况，必须用无人能及的方式，让自己和自己的商品显得与众不同。要想脱颖而出，就必须：

（1）成为业界卓越的领先者——用具体的方法证明你比任何一位竞争对手都更值得投资。如果你比别人更努力、服务更好，并带给客户更理想的成果，就可以达成这个目标。你应该抱持的心态是，要能比其他人提供更高的价值、确定性和明确性，然后彻底落实，实践自己的承诺。努力让客户赋予你"最值得信赖的顾问"这一称号。真正帮助客户达成他们的目标，你就会成为市场上的权威。

（2）先发制人——事先处理那些会使潜在顾客犹豫要不要向你购买的因素。要做到这点，就要诚实地列出顾客向你购买时可能会提出的所有正反两方面的理由。接着努力强化正面的理由，强调你可以带给顾客的确定性和稳定性，让顾客知道你可以让他们免于陷入不利境况。设定具体的选购标准并建议对方加以采用，然后很有把握地向对方展现，你带来的益处可以直接克服所有潜在的疑虑。帮助客户了解到，排除其他选择或替代方案来选择你，确实能给自己带来好处。

（3）成为独家——要"独占"你经营的市

场。要成为独家，必须用明显的差异性让自己显得与众不同。你的产品或许和别人大同小异，但是你或许可以和顾客发展出长久的关系，使得他们倾向和你往来，而不是选择其他供应商。要成为独家，绝佳方法就是，帮助客户达成更理想的成果，让他们更看重你的商品。如果你热爱你的客户、员工和合作厂商，自然就会让他们感觉受到尊重、赏识和重视。持续地增加更多价值，他们就会认为你的表现是独特、与众不同的。如果你能在市场上建立起独家的地位，你的客户就能达成更理想的成果，潜在顾客会更注意你的商品，你的名声也会在市场中流传开。这是一种非常美好的境界。

在目前的商业环境中，边缘化已成为严酷的现实，你的客户也可能在他们的工作中感受到并面临同样的压力，他们可能每天都觉得自己不受赏识。因此当你前去接触他们时，因为你卓越、先发制人又具有独家优势，他们就会特别注意你。

要养成站在客户立场着想的习惯，了解并认清他们所面对的挑战。设法帮助他们，使他们能够更顺利。持续创造出更多价值，直到他们承认你比其他任何人都要好为止。

八　营销不佳

问题：你可能会因为习惯的驱使，模仿竞争对手，或是因循传统的模式，觉得自己的营销做得平凡无奇。

解决方案：要更懂得营销，以强有力的方式让市场知道，你比别人更能解决问题，并填补市场空白。

有效的营销可以扭转局势，能推动企业迈向几何级数的增长，然而营销却常常被列在优先事项最末位，事后才加上去。持续有效的营销是永续企业的特征，如果在营销上有优越表现，就可以为你的公司创造出长期的竞争优势。没有任何事物的投资报酬率可以高过绝佳营销。营销要持续带来100%以上的投资报酬率，是完全有可能的。

营销一向有3个目标：

（1）尽可能找出最佳、最大的目标客户群。

（2）将这些潜在顾客转变成首次购买的顾客，并吸引他们再次惠顾，最好能购买多种产品。

（3）从既有客户身上寻求构想，并将这些构想转换成附加的营收来源，借以更好地服务他们。这些额外的收入来源不仅会为你带来更多利益，还会加深你和客户的关系。换句话说，要通过多方面的服务，提升客户的生活或职业生涯，借以创造更多收入。

要拟订出营销计划，应该先问自己：我想要达成什么目标？

要想让事业成长，可以参考以下几种方法：
◎扩大顾客群。
◎拉高每笔交易的金额。
◎增加交易的频率。

了解自己要完成的目标之后，接着就要通过

以下9大步骤来拟订营销计划：

（1）得到市场的信任——让潜在顾客明白，他们应该做什么选择，才能解决自己的问题或达成自己的目标。表现出同理心，让他们知道你了解他们的痛苦和挑战。

（2）建立并展现出独特的形象——也就是符合你人格特质的企业性格。你是市场行家、高手还是门外汉？建立能够体现你理念的公开形象。

（3）想出你对市场的愿景——明确表达你的公司真正吸引人的理由。要注意的是，这是你对市场的愿景，而不是对自己公司的愿景。例如达美乐的："保证在30分钟内，将热腾腾的比萨送达顾客手中，否则免费。"

（4）诉说你的故事——发展成现在的业务规模，这一路你如何走来？卓越企业都带有令人难忘的故事，因此能够与众不同，而你也必须做到。企业的繁荣发展，与它所诉说的故事有关。

（5）成为业界的特异人物——大声说出客户

不应该再容忍竞争对手所提供的低水准服务。抱持能让消费者产生共鸣的想法，挺身而出，为理想而奋斗。

（6）发展你自己的措辞和用语——独特的字或词汇。市场领导者都会用专有的词汇来介绍他们的商品。这么做可以让他们就此设下标准，并且主导相关的讨论。设法创新出词汇，借此以独特的方式表现自己的认知，这样你就会受到瞩目。

（7）利用有代表性的沟通媒介——你能掌握并主导潜在顾客心理的沟通方式。可以是博客、视频网站、网上研讨会等方式，只要是适合你的都可以。

（8）创造"尊荣"的社交媒体——打造一群优惠顾客，给予他们贵宾级的待遇，再加上各种特惠方案和优惠条件。最好能和你的优惠顾客群营造出持续的对话，给他们提供更优于你在大众市场提出的条件。构筑牢不可破的顾客忠诚度，并营造出信任的关系。随时想象理想客户是什么样子，然后努力让他们满意，还要设法让这些人成为你的宣传大使。

（9）与良师一起努力——就能加快自己成功的脚步。如果能够向已经达成这种成就的人请教，他们会让你避免踏入一些陷阱。此外，搭上业界名人或重量级人士的顺风车，也能为你的营销方案打上一剂强心针。每个人都有导师，因此要规划一些项目，让自己能够吸引并接触自己最崇敬的人。请他们和你组成合资事业，因为你要取得需要但尚未拥有的资源，这确实是最好的方法。

九　事必躬亲

问题：可能会因为太多事情都想要自己做，没有分派工作、外包或寻求结盟，而使得自己停滞不前。

解决方案：善用他人的才能，这样才可以构思出胜过单打独斗的合作方式。

如果什么事都想要自己来，你的事业就无法长久，也会跟不上其他懂得用更聪明方法进入市场的人。扬弃"单打独斗"的心态，开始寻找可以和你组成合资事业的人或企业。这就是将创业家精神发挥到极致，因为你能够让他人为自己所用。

合资事业是很棒的，可以同时达成多种运营目标，包括：

◎可以让你快速进入未开发的市场。

◎ 能够让你的业绩（和利润）有惊人的提升。

◎ 可以用来为现有客户创造更多价值。

◎ 可以让你立即在新兴市场取得市场占有率。

◎ 能够用它来大幅降低成本。

◎ 可以让你在交易条件方面提供比较大的弹性空间。

◎ 用较低的风险拓展事业。

◎ 顺利取得自己所欠缺的专业知识。

◎ 借此成功扩张自己的产品线。

◎ 提供你欠缺的成功必备条件。

◎ 能够在扩张的同时持续保持专注。

总而言之，要说出合资事业的益处是很容易的。你应该尽一切所能为自己的公司组成有价值的合资事业，不要忙着运用现行的运营方式赚钱，却忽略了合资事业可以带来的惊人增长潜力。

就像大家面临经济危机时一样，这种情况下

的合资事业也是让事业发展的绝佳方法。然而要切记的是，合资事业只是解决方案的一部分。要想在经济环境困难时依然朝着正确的方向前进，必须采取如下的行动计划：

步骤1：设定积极和保守的规划

在产业中寻找之前不曾运用、可以让事业发展的潜在机会。尽全力把你目前使用的所有营销方法发挥到极致，而且一定要用尽各种方法。就防守而言，不要再采取任何没有效果的方法。试验、追踪成果，然后运用这些资料，让自己不再把时间和金钱浪费在没有效益的营销方案上。

步骤2：尝试全新的营销构想

保守而稳步地测试一些新的营销方法；尝试一些非传统的构想然后追踪成果；和你从来不曾合作过的对象组成合资事业，观察结果会如何。尽量先从小规模的尝试开始，但是一定要着手进行。光是希望能有更好的未来，并不是可行的事业发展策略。

步骤3：评估自己顾客的终身价值

了解一位新顾客对公司来说有多少价值，就会知道自己可以花多少成本去吸引初次购买的新顾客，并且依然保持获利。要了解自己的各项数据。

步骤4：和媒体谈条件

现在正是购买报纸、杂志及电视等媒体广告的绝佳时机，你也有可能谈到不错的条件。你可以规划一些绩效导向的条件，提供部分利润给对方。充分利用这个绝佳机会，设法找到有需求的顾客，努力进行销售，促进他们购买。

步骤5：从竞争对手那里挖取业务人才

接触竞争对手旗下最优秀的业务人员，邀请他们加入你的团队，全力为你的事业发展作出贡献。想要延揽好人才，再也没有比现在更适合的时机了。

步骤6：设法善意收购竞争对手

接触任何一家经营有困难的竞争对手，提议

接手他们既有的客户，条件是要持续分给他们所赚得的收入。用这种方法降低或排除他们的固定成本，对方的现金流量就会立即提升，可以转亏为盈，资金不会再被绑住，而且还有空间去尝试新的构想。将他们的客户群并入你自己的客户群，你可以获得一定的经济好处。

步骤7：给新客户提供难以抗拒的条件

设计一些令人完全无法拒绝的条件，例如提供保修、延长试用期、延期付款，或是搭配销售产品，也就是一切可以吸引消费者购买的方法。提供比平常更多的支援和后续服务，促使潜在顾客购买。

步骤8：努力进入新市场

一旦市场出现危机，你的竞争对手很可能会提心吊胆地专注在既有的业务上，而你要把这种状况当作进入其他市场利基的机会。即便是在经济状况严峻时，还是会有生意，顾客还是会购买解决问题时必须用到的商品。寻找有创意的方法，尽力去接触新的市场利基。抱持成长导向的心态，并到处寻找新的机会。

关键思维

要想将公司从"左手进、右手出"的陷阱中拯救出来，关键就在于要控制公司的现金流，使得每个月有适当额度的现金流入和流出。发挥创意，享受这个过程。因为唯有在熟练掌握现金流量之后，才能开始享受真正的乐趣。

——杰·亚伯拉罕

如何才能替客户创造更多价值？这正是能产生巨大杠杆效果的所在。我认为这个概念能够释放出强大的力量，这也就是我对自己的工作能够乐在其中的原因。这样你就可以让自己脱离边缘，再度成为焦点。如果你能够表现卓越、先发制人，又具有独家优势，你就已经拥有大家热切渴望的产品或服务了。

——杰·亚伯拉罕

当环境严峻时，只有坚强者才能够成长。

切记，在经济不景气时并非所有的采购行为都会停止，即便情势严峻时亦是一样。如果你可以参与到蓬勃发展的交易中，不仅能够生存，还可以茁壮成长。

——杰·亚伯拉罕

如果说在某个重要的时刻应该尝试改变自己目前的经营模式，那就是在经济不景气的时候。即便处于经济危机之中，你的竞争对手一个个倒下的时候，你仍然可以茁壮成长。

——杰·亚伯拉罕

原则就是：和自己竞争。也就是说要自我提升，让自己比昨天更进步。

——史蒂夫·杨

职业美式橄榄球传奇四分卫

营销革命3.0

从产品到顾客,再到人文精神

Marketing 3.0

From Products to Customers to the Human Spirit

原著作者简介

菲利普·科特勒（Philip Kotler），毕业于芝加哥大学和麻省理工学院，现为美国西北大学管理学院国际市场学教授，被誉为"现代营销学之父"，并被《华尔街日报》评为"全球最有影响力的商业思想家"之一，著有《营销管理》《营销原理》《营销学》等书。

何麻温·卡塔加雅（Hermawan Kartajaya），营销顾问公司 Markplus 创办人兼董事长，被英国皇家特许市场营销学会推崇为"塑造营销未来的 50 位大师"之一。

伊万·塞蒂亚万（Iwan Setiawan），东南亚营销策略顾问公司的资深顾问。

本文编译：黄玩

主要内容

主 题 看 板	营销3.0/117
5分钟摘要	演变中的营销学/121
轻松读大师	一　商业大趋势——营销3.0/123
	二　营销3.0的实际运作/134
	三　推动营销3.0/146
	四　营销3.0的10大守则/158

主题看板

营销 3.0

　　环保意识抬头，人文精神重现，现代人除了满足基本的物质需求外，也开始渴望为自己生存的世界做点什么。这就是为什么微软和戴尔要合作推出 RED 系列的个人电脑，每卖出一台就给对抗非洲艾滋病的环球基金捐出一笔钱，为投身公益贡献一份力量。

　　营销生态的演化，已从着重产品本身，转移到以消费者为主，再演变到以人为本的企业精神与对环境的关怀。现在市场上到处充斥着功能相近、价格相当的各式商品，各家的营销手法与服务方式也如出一辙。如今，真正能做到差异化，并且影响消费者作出选择的决定性因素，就在于企业是否具有远大的理想与价值观。

　　对于营销生态的改变，社交媒体的推波助澜

也功不可没，信息的轻松获取与人们的联系方便，让大家在选择商品上更能表达自己的立场与想法。当商品的数量已多到可供消费者自由选择，而且功能品质相差不大时，唯一的影响因素就是消费者对企业理念的认同与否。一个故事、一项宗旨，都会是吸引消费者的主要原因。

自1967年出版《营销管理》以来，科特勒在营销上的大师地位便屹立不倒。过去，他强调以消费者为中心，这项论点让他主宰了营销界几十年。如今，科特勒再为营销提出新的方向，未来的营销目标，不再是毫无想法的个体，而是拥有情感与想法的消费者。企业如何提出改善世界、解决环保与贫穷问题的对策，将是未来营销界的重要课题之一，而这种营销新法则就是营销3.0。

工业时代的营销，产品是所有作业的重心。人们追求的是，如何大量且有效地制造标准化的产品。当消费者变得精明又挑剔后，营销的重心便转移到消费者身上，以满足顾客需求、提升满意度为目标。在迈入新的世纪后，营销的形态也跟着演化。脸书、推特等社交媒体的兴起，让大家的意见得以快速交流并发挥广泛的影响力。此外，环保意识在媒体推波助澜下也日渐增强，这些现象都会影响消费者的购买行为。因此，科特勒的新观点是，新的营销趋势应将消费者视为能独力思考、会发表意见，并且具有人文关怀的新形态消费群。

这股趋势绝非一朝一夕之间形成的，许多大型企业早已体会到自己身负的社会责任与环保责任，他们知道一味追求获利，终有一天会逼得消费者弃自己而去。通用电气公司早在2005年5月就创立"生态想象"环境责任倡议行动，引起了广泛反响。沃尔玛公司在2005年10月也做出了一个大范围的环境与社会责任承诺，包括百分之百使用再生能源、零废弃物，在2012年前至少减少20％温室气体排放，并且增加女性与少数

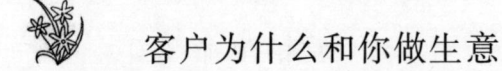

民族经理人的比例。高盛集团也成为采取全面性环境政策的投资银行，是继摩根大通、美国银行及花旗集团之后，美国第四家采取全面性环境政策的主要金融机构。星巴克咖啡与雀巢在公平交易上的持续努力，也逐渐产生了更深层面的影响。

　　企业应该善尽自己的责任，并处理深藏在商业模式中的社会问题。有些企业甚至能够从慈善及公益营销活动方面，促进社会、文化的转型，借以强化企业的影响力。营销3.0不再只运用在推销以及创造需求上，而是企业重建消费者信任的希望所在。

5分钟摘要

演变中的营销学

在过去的 60 年当中,营销已经有所改变及演进。这些从过去到现在的演进,可以分为以下几类:

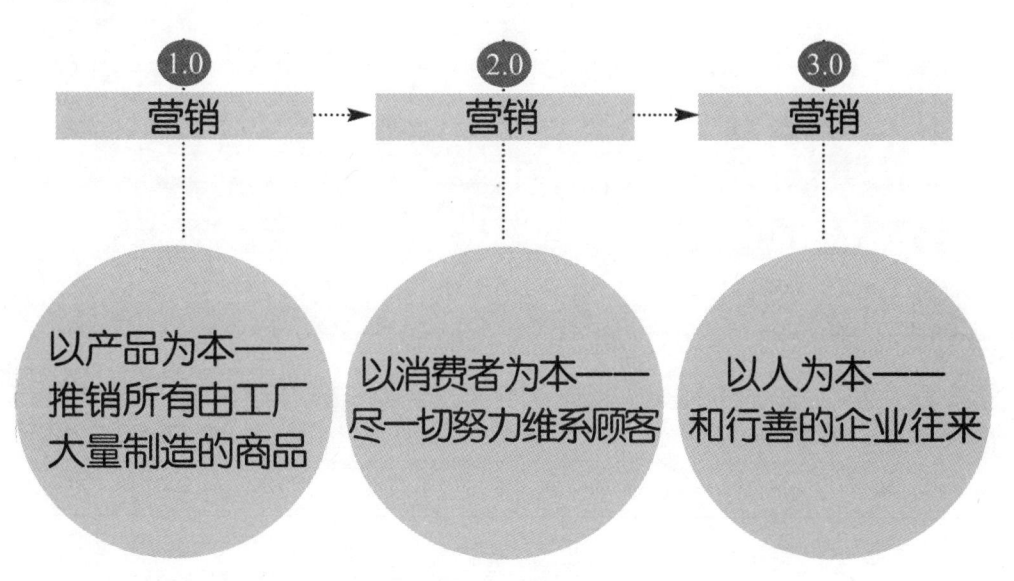

- **营销 1.0**:以产品为本——推销所有由工厂大量制造的商品
- **营销 2.0**:以消费者为本——尽一切努力维系顾客
- **营销 3.0**:以人为本——和行善的企业往来

从营销 2.0 转换到营销 3.0,是目前正在进行的过程。现在的企业常常是一种复杂的合作网络,伙伴包括员工、配销商、渠道伙伴、经销商和供应商。这些网络中的成员现在逐渐被动员起来，一起行动来克服会影响整个人类的问题，例如可持续经营、全球变暖、污染、贫穷、失业及人口不断增长等。

营销3.0的重点在于，企业要推广其价值观、使命和愿景，并和所有伙伴加以整合，使各方能够一致行动，协力达成有意义的目标。

一　商业大趋势——营销3.0

消费者在面对大多数产品时，都有着非常多样的选择。他们要的不只是产品，必须是功效良好的产品，而且是要由努力改善世界的企业所制造。推动营销3.0浪潮的3股力量是：

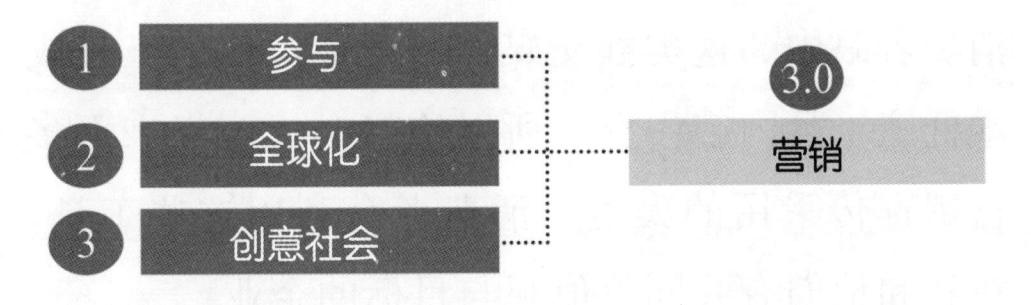

1. 参与
2. 全球化
3. 创意社会

→ 营销3.0

纵观历史发展，科技进步一定会改变营销的本质。营销1.0，其实是工业革命所造成的，突然之间工厂就生产出大量产品，必须销售出去。信息科技加上互联网的发展，使得营销2.0成为必然。同样，更多新科技的出现，推动了营销2.0转换至营销3.0的趋势。

有 3 股重要力量，共同将商业界推往了营销 3.0 时代，分别是：

（1）参与。在便宜的电脑、低价的手机和开放源代码程序普及之后，现在的消费者具有一定的能力，能够和其他人协同合作，彰显他们的个人喜好。这些工具的性质有个人表达（如博客、YouTube、脸书和推特）和协同合作（如维基百科和 Craigslist 分类广告网站）两种。在大多数消费者眼中，这类社交媒体和其他类似的工具成本低廉，且内容中立，所以绝对会成为未来更多营销宣传采用的渠道。消费者会利用这些工具，找到和他们有共同价值观与目标的企业。

（2）全球化。简单来说，全球化就是运用信息科技，将全世界变成一个互相连接的经济体。话虽如此，但全球化也造成许多奇怪的现象。有机会进入广大市场的同时，本地市场对顾客而言也变得更为重要。有些国家因为全球化而繁荣发展，有些国家则因此而衰退。消费者不只觉得自己是所在地的公民，也是全球的公民。他们会密切注意自己选择往来的组织，组织文化如何，而不会只被组织的产品吸引。

（3）创意社会。全世界有越来越多的消费者投入创意工作，而不是单纯的劳力工作。越来越多人运用自己的智力谋生，而不再是出卖自己的劳力。创意人士天生就想着要提升自己，以及自己所处的环境。创意诉求的是人性、道德和心灵。创意人士不会只是求生存，而是会寻求符合他们内心喜好的体验和商业模式。他们想要和行善的企业往来。基本上，营销3.0出现于消费者行为和喜好不断演化及改变的时代。和之前几个世纪比较起来，消费者变得更加精明。要想吸引他们，不仅要以合适的价格提供优良的产品，还必须以更讲求协作、更注重文化导向以及更诉诸心灵的方式，对他们进行营销。

	1.0 营销	2.0 营销	3.0 营销
目标	销售产品	维系顾客	改善世界
推动力	工业革命	信息科技	次世代社群科技
企业如何看待市场	消费大众，具有共同物质需求	明智消费者，具有心智和情感	"全人"，兼具心智、情感及心灵
关键营销概念	产品研发	差异化	价值观
企业的营销准则	产品规格	企业及产品的定位	企业的宗旨、愿景和价值观
价值主张	功能面	功能面和感情面	功能面、感情面和心灵面
和消费者的互动	一对多的交易	一对一的关系	多对多的协作

> **关键思维**
>
> 要运用营销3.0,企业就必须把消费者视为"全人"。根据史蒂芬·柯维的观点,"全人"具备4项基本要素:躯体、能够独立思考和分析的心智、能够感受情绪的情感,还有心灵——也就是你的灵魂或哲学中心。营销必须演化到第三阶段,去诉求消费者的心灵。
>
> ——科特勒 卡塔加雅 塞蒂亚万

大体来说,传统营销一向包含3大专业:

(1) 产品管理——产品、价格、地区及促销。

(2) 顾客管理——市场细分、目标顾客及定位。

(3) 品牌管理——建立品牌。

相对而言,营销3.0的3项基石是:

(1) 共同创造——由企业、供应商、渠道伙伴及消费者协力开发产品,根据消费者的喜好量身定做。这种方式通常要由企业提供产品平台，然后由消费者加以调整使其变得个性化。

（2）社交媒体化——消费者会加入各种社交媒体，这些社交媒体是由和消费者有相同价值观及兴趣的人所组成。这些社交媒体可能是品牌爱好者彼此互动的网站，或者是某位魅力人物加上一群粉丝的结合。

（3）塑造特色——品牌发展出自己独特的DNA，让消费者得以理解，最终产生认同。卓越品牌具有可信赖感，衍生自品牌与众不同的独特DNA。鲜明的品牌特色会产生可信度，这点至关重要。

营销3.0将消费者视为"全人"，定位是要让产品打动消费者的心智。情感营销尝试诉求消费者的情感，而营销3.0还要触动消费者的心灵，因此必须形成一个由品牌、定位及差异化所构成的三角结构。

```
          品牌信誉
        ╱         ╲
      定位    差异化
       ╱   3.0    ╲
  品牌样貌        品牌形象
        ╲   品牌  ╱
```

关键思维

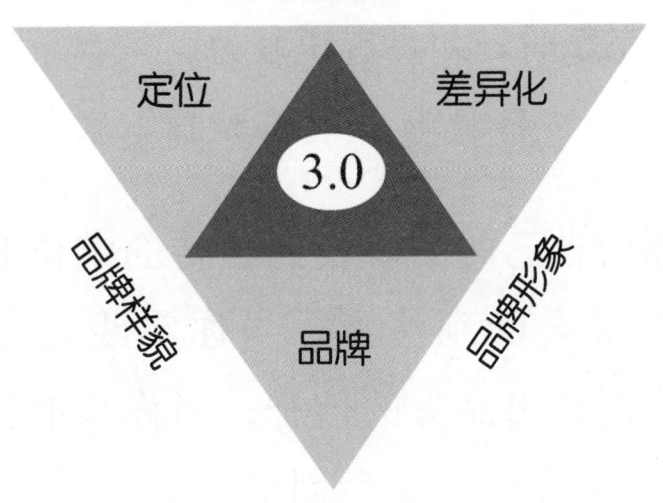

对于消费者而言，品牌如果只是阐述自己的定位，是不会有用的。品牌或许在消费者心里有清楚的样貌，但未必是好的那一面。定位纯粹是一种主张，警告消费者要小心不可信的品牌。换句话说，这个三角若缺了差异化，就不完整。差异化就是品牌的 DNA，反映品牌真正的信誉，这是品牌实践其承诺的确切证明。重点在于实践对顾客所做的承诺，使顾客满意。差异化若和定位相辅相成，会自动营造出良好的品牌形象。就营销3.0而言，只有在三角形完整时，才具有说服力。

——科特勒 卡塔加雅 塞蒂亚万

当你为自己的品牌找到独特的定位时，就会让品牌有机会受到注意；当你实践自己的承诺时，就能创造出品牌的信誉；当你采取符合消费者志向的行动时，就会创造出强有力的品牌形象。换句话说，定位会触发消费者的心智去下决定，可信的差异化会让这个决定更加坚定，而情感会引导消费者做出购买的决定。营销3.0不会忽略人类的心灵。

营销3.0特别符合这个社交媒体时代——顾客拥有从社交媒体搜集来的大量信息。缺乏可信度的品牌（即品牌、定位和差异化并未适当整合）将无法生存。当口碑成为主流媒介，消费者会比较相信自己社交媒体中的陌生人，而不会相信企业的说辞。消费者会以社交媒体中所有成员的体验来评估品牌。一次不好的体验，就可能抵消并摧毁你在品牌上所做的一切努力，所以随时都要保持警觉。

实际上，营销3.0就是要转变为以价值观为导向。你要看出消费者的焦虑及渴望，才能掌握他们的心智、情感和心灵。你要特别用心，去吸引那些和你有同样梦想并渴望改善世界的顾客。

营销3.0可以归纳成一个矩阵，横轴表示企业努力想占据的目标，即消费者的心智、情感和心灵；纵轴则代表企业能够运用的工具，即企业的宗旨、愿景和价值观。

	心智	情感	心灵
宗旨	让顾客满意	实现志向	发挥同理心
愿景	获利性	报酬性	可持续性
价值观	进步	差异化	创造改变

客户为什么和你做生意

> **关键思维**

从产品这个层次来说，虽然为顾客带来成效和满意是至关重要的，然而在最高层次上，品牌应该要让消费者觉得，能够实现其情感上的志向，并展现出某种同理心。品牌不仅要对现在和未来的股东保证其获利性和报酬性，还必须具备可持续性。品牌必须要不断进步、具有差异性，并能够为现在和未来的员工创造改变的机会。

——科特勒　卡塔加雅　塞蒂亚万

营销3.0的重点在于，要清楚定义你的独特样貌，然后以可靠的信誉建立强有力的形象，进一步强化你的独特样貌。营销3.0的另一项重点在于，推广隐含在企业宗旨、愿景及价值观中的意义。我们以这种方式来定义营销，是希望借此进一步提高营销的地位，使其成为规划企业未来策略的主要角色。营销不应该再被视为只是推销以及运用工具创造需求，它现在应该被视为企业重建消费者信任的希望所在。

营销3.0是要改变消费者在生活中的行为模式。当一个品牌带来转变时，消费者会不知不觉地将这个品牌当作日常生活的一部分，这就是心灵营销的重点所在。

——科特勒　卡塔加雅　塞蒂亚万

二 营销3.0的实际运作

要想让营销3.0正确运作起来，就必须熟练做到下列4件事：

1. 对消费者推广你的宗旨
2. 对员工推广你的价值观
3. 对伙伴推广你的价值观
4. 对股东推广你的愿景

1. 对消费者推广你的宗旨

1985年，可口可乐想要用"新可乐"取代它的招牌饮料，但消费者却十分厌恶这个构想。结果在3个月之内，由于消费者的强烈抗议，可口可乐不得不把新可乐从市场上下架。这说明了营销3.0的一项标准特色：你的品牌从来不是真正掌握在你手中，而是掌握在顾客手中。

他们会使个人的宗旨符合你品牌的宗旨，而你唯一能够去做的，就是同样使自己公司的行动符合自己品牌的宗旨。至于其他的一切，则由顾客决定。

要想消费者推广你的宗旨，通常包括 3 项要素：

① 提出转变的理念	② 根据转变设计吸引人的故事	③ 让顾客共同努力达成目标

要宣传你的宗旨，最好的方式通常是拟出吸引人的故事，借此说明你要追求的理想。故事具有绝佳的效果，因为每个人都喜欢听故事，并且会随着情节的发展而受到吸引。为了让消费者相信你的故事是真实的，就要吸引他们加入和你品牌相关的持续对话中。要给顾客创造改变的力量。

所以，要对顾客推广你的宗旨，有 3 个原则：

（1）提出不平凡的构想——要想出具有新意

的商业构想。推出某个对你的顾客来说是重大进步的崭新商业观点。改变过去一贯的做事方法，大胆向前迈进。

（2）创造一个会感动人的故事——内容有吸引力，能够紧紧扣动每一个人的心弦，或是激发他们的想象力。苹果公司在这方面的表现就十分杰出，用传奇的"1984"电视广告介绍Mac个人电脑，作为苹果公司应对IBM主宰个人电脑产业的对策。远大的企业宗旨，一定要带有转变的雄心。

（3）真正给予顾客力量——宗旨的实现取决于顾客自己，而不是企业巨人。个别消费者的力量或许有限，但全体消费者的力量则是十分巨大的。当消费者觉得自己的力量越大，他们就越会参与到和其他人的讨论与合作中。让顾客以你的品牌和宗旨为基础，发展出吸引人的故事。

2. 对员工推广你的价值观

对员工推广你的价值观，就如同向消费者解

释你的宗旨一样重要。员工身处第一线，如果你的组织想要建立一定的信誉，员工的行为就必须和你的企业价值观一致。

对企业来说，价值观通常来自4个方面：

◎ 每一名员工被雇用时，就具有的价值观。
◎ 期望的价值观——企业希望达成的目标。
◎ 外加的价值观——从其他地方吸收而来。
◎ 核心的价值观——用以指导员工的行为。

企业必须积极地建立适当的核心价值观，并让大家了解到哪些价值观是组织所重视的。拥有一套健全、阐释清楚的核心价值观，会让企业在多方面受益：

（1）当你的核心价值观经过详细说明，并且明显被妥善运用时，就比较容易吸引和留住优秀人才。简单来说，好的价值观会吸引好的人才。

（2）当员工拥有一套指导他们行为的价值观时，他们的效能就会提升。员工不会在事后花太多的时间进行批评，而是会展现更多坚定的行动。

（3）如果每一个人对价值观都有相同的理解，那么企业就会更容易服务它的顾客，因为服务和价值观的方向一致。

（4）组织拥有健全的核心价值观时，也就比较容易解决内部的不同意见。每一个人也就能事前了解决策形成的标准。

对员工而言，真正体现价值观的地方就在于你努力建立的企业文化之中。营销3.0的企业通常会努力建立一种企业文化，以激发并培养员工的3种行为：

① 创意	▶	② 合作	▶	③ 文化	▶
共同的价值观和行为					

（1）创意在商业上是非常受到重视的。有些企业（如谷歌和3M）每周会给员工一天自由时间，让他们做自己想做的项目，借此提升组织的

创造力。创新正是竞争优势的一大来源。

（2）合作是许多人非常希望见到的。对员工来说，有机会和技能优异的人才一起工作，也算是一大吸引力。在当前的世界中，通常要由员工组成团队来服务顾客。

（3）文化价值观的意义是去激励员工，让他们为自己的人生、为公司顾客的人生作出改变。例如企业租车公司等企业，就会让符合资质的员工有机会开设分公司，把大学毕业生变成创业者。

归根结底，企业文化需要信誉。当组织所运用的价值观和员工的价值观一致时，就会产生绝佳的成果。对于营销3.0的企业来说，向员工推广这些价值观，就是关键且必要的行动。

3. 对伙伴推广你的价值观

现在的供应链极其复杂，企业有许多渠道伙伴，这是很常见的事情。就营销3.0而言，吸引优秀的渠道伙伴的最佳方式，就是寻找目的、样

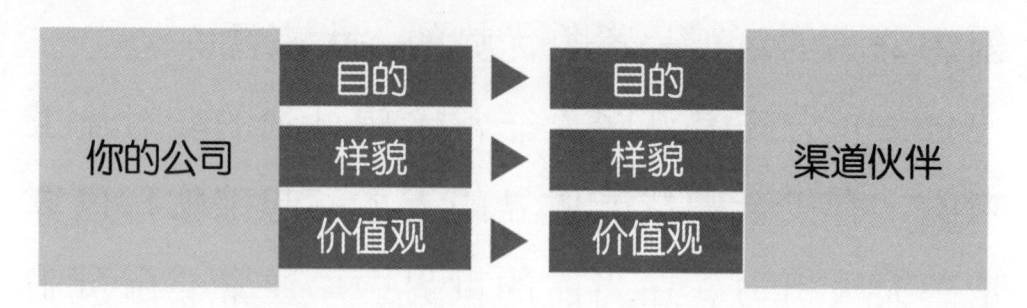

```
你的公司  目的  ▶  目的
          样貌  ▶  样貌     渠道伙伴
          价值观 ▶ 价值观
```

貌和价值观相近的伙伴。

◎ 目的是你公司所追求的整体关键目标，通常很容易观察及研究。

◎ 样貌则反映出你的组织和潜在渠道伙伴的特性。要观察这点会比较困难，必须深入探究。

◎ 价值观是你组织中每一位成员共同的信念。要观察价值观是困难的，必须经过深入的分析后才能够确定。

当你选择了目的、样貌及价值观和自己相近的伙伴时，他们就能把故事传达给顾客。他们会享有比较高的可信度，也因此得以提高信誉。

关键思维

我们将渠道伙伴视为复杂的个体，他们是企

业、消费者和员工的复合物，也是拥有自己宗旨、价值观、愿景和商业模式的企业。他们是有需求未被满足的消费者，更重要的是，他们是对终端消费者进行营销，并且就如同员工一样，会建构出消费者界面。在营销3.0中，他们的角色是不可或缺的，因为他们同时成了企业的合作伙伴、改变文化的媒介及创意伙伴。

——科特勒　卡塔加雅　塞蒂亚万

渠道伙伴扮演的3个关键角色是：

（1）合作伙伴——优秀的渠道伙伴了解现行的商业模式，并且会尝试提出新颖的构想，从而创造出双赢的结果。

（2）改变文化的媒介——这是渠道伙伴管理顾客界面所产生的后续效应。渠道伙伴要能持续不断地提出可行的建议，建议你如何用更令人信服、更吸引人的有效方式，把你的品牌故事传达给消费者。

（3）创意伙伴——也就是说渠道伙伴常常会

为消费者带来解决方案，而一般制造商被认为是在销售这些解决方案中的大众商品。跟制造商比起来，顾客往往会觉得和渠道伙伴有比较紧密的联系。

关键思维

在营销3.0来说，渠道管理的出发点，是要找到目的、样貌以及价值观相近的渠道伙伴。价值观相近的伙伴，能够令人信服地将故事传达给消费者。要进一步提升这种伙伴关系，企业应该和伙伴整合在一起，为故事注入信誉。

——科特勒　卡塔加雅　塞蒂亚万

4. 对股东推广你的愿景

关键思维

对于企业而言，特别是对资本市场来说，未来的一大趋势就是可持续性的问题。如果企业想长期创造股东价值，那么可持续性便是一项密切相关的挑战。但是可持续性有两种定义：企业认为可持续性是指企业能够在商业界长期生存，社会则认为可持续性是指环境生态和社会福祉的长期维系。企业过去从来不曾看出这两者之间的联系，到了近期，为了在大众商品化的世界中找出新的竞争优势，企业才开始注意到达成这种联系的机会。

——科特勒　卡塔加雅　塞蒂亚万

在许多市场中，下列两种趋势已日渐明显：

（1）两极化的出现——大多数成熟市场，都在分裂成高级市场和低级市场。在高级市场中，消费者愿意高价购买最好的商品，而在低级市场中销售的则是大众商品。不仅企业必须决定要追求哪一端的市场，而且市场两端的消费者也都越来越关注社会和环境的问题。

（2）越来越关注资源稀有性——大家认为地球的资源是有限的，而且也越来越接近天然资源耗尽的一天。当越来越多贫困消费者的生活品质提升后，资源就会不够分配。

现在所有企业都非常希望能够达到可持续性这项目标，而上述两个趋势更加强化了这个发展方向。企业逐渐注意到，用创新方法解决社会问题是有利可图的，而且可持续性能够带来相当高的股东价值。就连股市也认识到这种现象，在一个又一个产业之中，表现最佳的股票就是积极采用符合可持续性实际做法的企业股票。

现在要对股东推广你的愿景，必须提出扎实的可持续性论据。一般说来，采用可持续性实务做法，会为企业带来3大益处：

（1）成本效益提升——拥有健全价值观的企业，会得到员工和渠道伙伴更广泛的支持。如果企业能在拯救环境或是帮助贫困者等方面做出令人印象深刻的成果，就会获得许多优秀的评价。这会使营销成本从一开始就很低廉，也更具成本效益。

（2）营收增长提升——原因是有机会进入新市场。企业在发展中国家推出低成本产品时，就会开启令人惊艳的新市场。可持续性会开启新的机会之窗。

（3）企业品牌价值提升——可持续性的实际做法，对任何企业的声誉都是有益的，绝对有助于品牌的建立。

关键思维

从营销的角度来看，可持续性能够让企业锁定新的细分市场，尤其是由注重合作、文化及创意的消费者所构成的细分市场，这些细分市场正在持续成长中。可持续性的做法会赢得消费者的敬重，并且可以开启与消费者的对话。

——科特勒　卡塔加雅　塞蒂亚万

三　推动营销3.0

社会面临3个最大的全球性问题，目前也正开始建设性地采用营销3.0来应对：

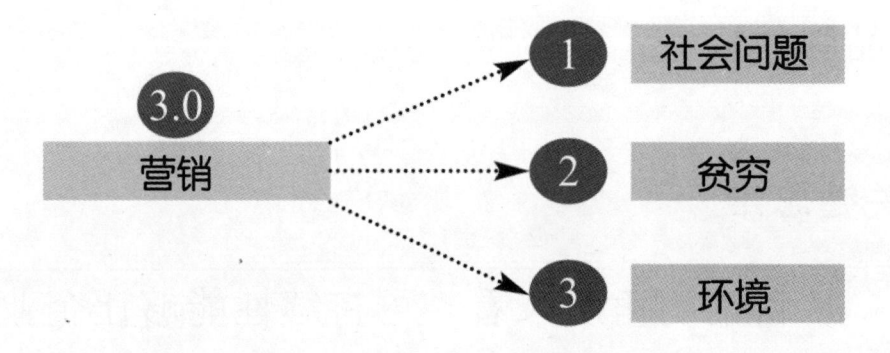

```
3.0 营销 → 1 社会问题
         → 2 贫穷
         → 3 环境
```

1. 社会问题

大多数企业成立之初设定的唯一目标就是要赚钱。然而在经过一段时间之后，消费者开始期许企业能够成为社会变革的媒介。企业往往是将为有价值的公益目标作出贡献来当作迈向这个方向的开始，但这终究是不够的。采用营销3.0的企业会公开投入重大的公共问题和社会问题。

> **关键思维**
>
> 企业必须面对社会的各项挑战,并参与寻求解决方案。美国的重大社会问题包括健康、隐私权和产业外移造成的失业。这些挑战已经存在多年,人人都知道,但是没有人期待会有任何一家企业能在一夜之间解决这些问题。要成为3.0时代的营销人员,重点不在于独力创造变革,而在于和其他企业合作,找出有创意的方法来解决问题。
>
> ——科特勒　卡塔加雅　塞蒂亚万

积极投入处理社会问题的好处是,能够带动营收增长,并为企业创造出强有力的差异化特性。企业投入社会问题的方式,往往是按照下列这种阶梯式模型:

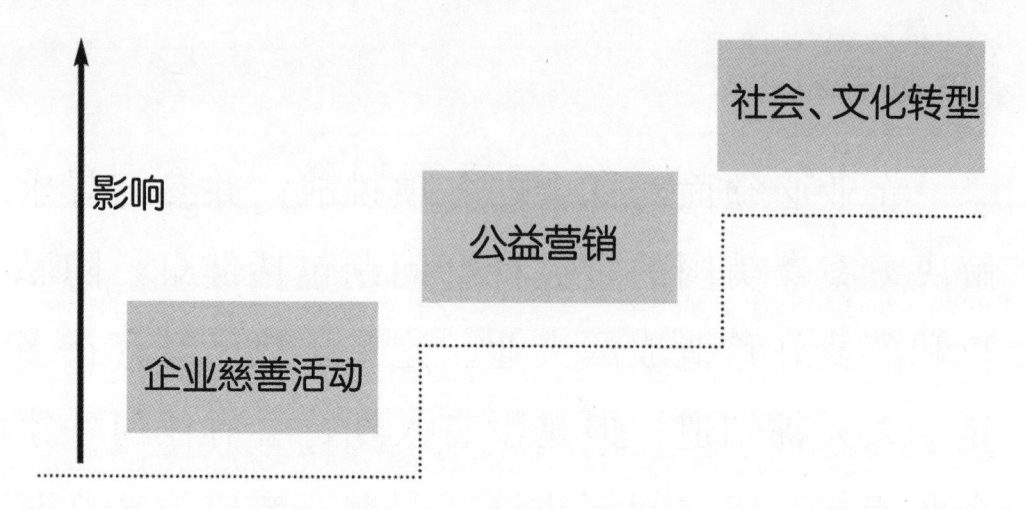

```
影响 ↑
                           ┌──────────────┐
                           │ 社会、文化转型 │
               ┌────────┐  └──────────────┘
               │ 公益营销 │
┌──────────┐   └────────┘
│ 企业慈善活动 │
└──────────┘
→
```

（1）大多数企业处理社会问题，都是通过慈善活动开始的。企业会将自己营收的特定比例，捐赠给处理特定社会问题的慈善机构或组织。

（2）比较高级的做法是，企业将特定营销活动和某个公益目标建立明确的关系。企业会请消费者购买特定的产品，然后将收入的特定比例投入该项公益目标，以这种方式直接参与社会公益。

（3）营销3.0的企业不会停止在慈善活动和公益营销的阶段，而是会亲身投入，促成社会和文化转型。促成转型，会成为企业一切言行的焦点。

实现社会和文化转型，通常要经过3个步骤：

| ① 找出必须处理的问题 | ② 选择协助对象 | ③ 提出增进权益的解决方案 |

（1）找出关键的社会和文化挑战——这对大多数企业来说，就是指符合自己愿景、宗旨及价值观的目标。例如今天有许多企业，正致力于健康的议题。健康护理耗掉美国国民生产总额的16%，过早死亡有45%是因为不良的生活方式造成的，例如肥胖、缺乏运动及抽烟。企业为了让民众改变他们的生活方式，正投身于营养教育、疾病预防以及运动教育等行动中。有的企业则是积极投入别的社会和文化问题，如公平交易、弱势就业和女权等，这些都是广受重视的问题，消费者隐私也在此列。

（2）选择协助对象——会因为转型立即获得明显利益的人。一般来说，企业会尽量选择符合自己顾客、员工、伙伴或股东喜好的受益人群。

企业选择受益人群，可能依据的是：

◎性别或年龄——促进女性、青少年或是老年人的权益。

◎收入程度——可以援助的中产阶级或是贫困对象。

◎少数人群——种族、特定宗教信仰或是残障者。

（3）提出可以达成转型目标的解决方案——就企业来说，这通常包括创造工作机会、开发突破性的创新，或是推出能够实现解决方案的产品或服务。没有人会要一家企业独力解决重大的社会或文化问题，大家期许的是企业和志向一致的公司、伙伴及顾客通力合作，以达成公益目标。在这类合作之中有些例子影响比较大，比如竞争对手相互合作，使得业界每一分子都提倡相似的理念。

关键思维

在营销3.0时代，促进社会变革不应该只被当作是一种公关工具，或是用来消除企业不合适的结果所招致的批评。企业反而应该善尽自己的责任，并处理深藏在商业模式中的社会问题。有些企业能够通过慈善及公益营销活动，进而促进社会、文化的转型，强化企业的影响力。社会、文化的转型力求促进消费者的权益，让他们移往马斯洛金字塔的更高层级。企业应该重视的，不只是产品层次，更应该是商业模式的层次。善用合作的力量，能够降低成本，并创造更高的影响力。

在美国或英国等成熟市场，越来越多的消费者会选择以实际行动来创造对社会、文化产生正面影响的企业。

——科特勒 卡塔加雅 塞蒂亚万

2. 贫穷

关键思维

杜绝贫穷可说是人类最大的挑战。这项挑战是要将社会的财富结构，从金字塔结构转变成钻石结构。金字塔结构表示属于金字塔顶端的少数人，拥有非常高的购买能力，为数较多的消费者属于金字塔的中层，而大多数的消费者则位于最底层。这种金字塔结构必须重新塑造成钻石形结构，换句话说，应该让更多位于金字塔底部的人拥有更高的购买力，并因此提升到中间阶层。这样，金字塔的底部就会缩小，而中间部分则会扩大。

——科特勒 卡塔加雅 塞蒂亚万

这样的转型，目前正在中国和印度发生。幸运的是，这并不是外国援助的结果，而是多方面共同努力的结果。具体而言，采取营销3.0的企业正在这个领域实施以下各种不同的方案：

◎ 有些企业努力让世界上贫穷的人，可以更方便地运用信息科技的基础设施。通过这些设施，人们可以得到最新的气象和市场信息，同时还有其他源源不绝的信息，如最新的农耕方法或是其他改良措施。

◎ 有的企业则努力开创有潜力的市场，让处于弱势的人能够销售自己制造的产品。

◎ 微型贷款在改善贫穷方面已经有了相当大的成就。孟加拉的微型贷款机构乡村银行的创办人穆罕默德·尤努斯，就因为在这个领域取得显著成就而获得2006年诺贝尔和平奖。微型贷款给人们提供资金，资助他们自行创业，借此打破贫穷循环。

◎ 很多企业正积极努力，让更多人能买得起、用得上它们的产品。这些消费者中有很多人的需求是很单纯的，因此需要更简化的产品来加以满足。企业正在思考如何做才能够更有效地达到这项目标。

◎ 在第三世界国家，有人正在思考如何开创及经营盈利事业，同时还能达成重要的社会目标。这些企业的目标通常是，要让原本收入只够糊口的人，能够拥有可支配收入。提高个人的可支配收入，可以为社会上其他人带来各种效益。最后就能够建立稳固的经济基础，作为未来增长的基石。

重点在于，贫穷一直都是人类所面临的迫切议题。这个问题没有简单的答案，也没有一体适用的解决方案。政府和企业正在合力构思各种方案，让人们可以脱离贫穷，但有待努力的地方还有很多。在这块大拼图中，像微型贷款等已经获得了非常大的进展。有些企业找到方法，一方面服务于更广大的人群，一方面又能获利。在这个过程中，这些企业不仅实现了增长，还建立了良好的信誉。

3. 环境

> **关键思维**
>
> 另外一个创造改变的方法，就是解决我们这个时代最大的全球性问题之一：环境的可持续发展。许多企业已经开始认真思考，该如何让自己的生产流程更加环保。部分企业已经感受到这种压力和监督，也了解到自己必须采取行动，以免被环保人士盯上。另外一方面，只有少数企业觉察到，大众对环保的关注有益处可循：可以积极营销环保的产品和服务。推动可持续性的企业，就是在实行营销3.0。
>
> ——科特勒 卡塔加雅 塞蒂亚万

要保护环境，必须有3种类型的企业参与进来：

| ① 创新者 | ② 投资者 | ③ 宣传者 |

（1）需要创新者——这类企业会想出方法，用环保且不会伤害大自然的运营流程，取代原本会造成污染的流程。创新者能够提供必要的科学能力。

（2）也需要投资者——这类企业会资助研究计划，并且要求他们的供应商使用更节能的流程。

（3）最后还需要宣传者——这类企业会让使用者、员工及大众，注意到环保的突破性发展。

这3种参与者都是必要的。宣传者会创造出临界数量和支援系统，让创新者的正面贡献得以放大和实现。投资者则能提供必要的财务支援，让突破和升级的技术得以出现。这3种参与者都有其风险和相对应的报酬，但是当三者通力合作时，就能够产生深远的影响。

大多数企业都会自然成为这3种类型中的一种，不过有时看起来并不明显。沃尔玛曾经遭受过相当猛烈的抨击，并且在大多数的调查中，也一向未被列为优良的企业。该公司在 2005 年宣布，要成为环境的守护者，接着投入数亿美元，重新设计运营模式，以变得更加节能，并且减少制造废弃物。同时，沃尔玛也开始销售有机牛奶和以环保方式捕获的海鲜。它也开始发挥其采购力量，要求供应商必须设法采用更节能的包装和流程。即便沃尔玛是一家零售商，但该公司在实际的环保行动中，可以说是扮演投资者的角色。该公司并没有直接投资创新，但是它仍然投入了大量资金让自己转型，使得沃尔玛受到消费者的喜爱。沃尔玛将过去那句有名又有点争议的标语"永远最低价"，已经改成"省钱，生活更美好"。该公司在环境保护方面超过 5 亿美元的投资，已经为自己创造出相当大的效益。

四 营销3.0的10大守则

（1）一定要热爱顾客，并尊重竞争对手——想要赢得顾客的忠诚，不仅要提供有价值的商品，还得采取行动去打动顾客的情感并给予启发。同时还要记住，有具备发展潜力的对手，才能扩大市场规模。要欢迎竞争，因为这会让大家都有更好的表现。为了创造健全、有发展潜力的竞争环境，甚至可以考虑转让自己的一些技术。

（2）一定要让营销方法不断改变及演进——如果无法随着市场改变而持续适应，最后就会被市场淘汰。你的顾客也会变得越来越聪明，并具备越来越好的工具。要顺应潮流作出改变，从而和市场趋势保持步调一致，过去有用的策略未必在未来也有效，所以要让自己的事业一再持续地转型。

（3）要清楚地传达自己的价值观——要向前迈进，就必须清楚彰显自己的价值观。对营销而言，品牌的商誉就是一切。随时都要清楚、明确地表达出自己的定位、差异化和所坚持的理念。不要让人混淆，而且要在每一次顾客和你的品牌互动时，都要传达出相同的信息。

（4）顾客是多元化的，因此要重点关注能够得到最大利益的顾客——在大多数的产品市场中，往往都有4种不同的阶层：

1	全球性市场——高价格
2	"全球本地化"市场——价格略低一些
3	本地市场——当地的特色和价格
4	金字塔底层——低价

如果你是一家本地企业，想挑战跨国企业，你大概只能专注在经营金字塔底层的顾客。要向最有可能会向你购买、最能因为你的商品而受益的潜在顾客发出诉求，不要想同时吸引4种阶

层,而是要集中心力关注适合你经营状况的那个阶层。

(5)设定能反映你商品品质的合理价格——在过去,营销人员会尽量用最高价格,销售劣质的商品。在今天,这样的方式已不再可行,而且如果被消费者明显看出来,他们就会唾弃你。要采取营销3.0,产品和它的价格必须能够匹配起来。

(6)让潜在顾客容易找到你——尤其是在成熟市场,你的下一波增长将会来自还没有接触数码科技和互联网的人。不论是在网络上还是在现实中,都要让顾客能找到你。不要因为某个细分市场还没有可靠渠道来运用信息科技,就剥夺其权利。

(7)善待顾客,让他们成为终生的顾客——努力维系你的现有顾客,要熟悉并满足他们的个人喜好。吸引适合的顾客,让他们持续和你往来。如果你做得好,现有顾客就会成为你运用口碑营销的有力支持者。

（8）切记，每一种事业都是服务业——即使你卖的是产品，也还算是服务业，因为每一个产品都是在提供某种服务。你应该抱持随时给顾客提供更好服务的精神和心态。要有同理心，反映自己企业的价值观，并致力于在所有工作环节上都带给顾客正面的影响。

（9）每周持续改善运营流程——在商业界，没有什么是永远不变的。你必须持续找出更好的新方法，以改善品质、降低成本，并调整你提供商品的方式。持续追求完美，而且永远都要说到做到。

（10）每次作决策时都要运用智慧——做事的时候要从宏观的角度去看。不要只想到决策的财务影响，还应该考虑其对社会的影响。要清楚展现自己的价值观，并加以实践。

客户为什么和你做生意

关键思维

这些目标在开始时是政府与政府间的方案,然而许多企业也开始看出这些目标所具有的商机。随意举几个例子,如联合利华、宝洁、瑞士豪瑞(Holcim)集团、飞利浦、沃达丰(Vodafone)、庄臣、英国石油、美国康菲石油及荷兰合作银行(Rabo Bank)等大企业,都已经将这些目标整合到自己在发展中国家的业务中,并且还可以从中获利。这些企业都展现出他们如何为世界带来改变,以及这些改变又如何让他们得到金钱及其他益处。

——科特勒 卡塔加雅 塞蒂亚万

情感和理智之间的根本差异就在于,情感会引起行动,理智则会产生结论。

——唐诺·凯尔恩,加拿大神经学家

有没有可能既成为一家以人为本的企业,又能获利?对这个问题,营销3.0给了一个正面的答案,那就是企业必须进行自我改造,尽可能快速地从营销1.0和营销2.0的安全区，转移到营销3.0的新世界。

——科特勒 卡塔加雅 塞蒂亚万

决战第三屏

移动互联网时代的商业与营销新规则

The Third Screen

Marketing to Your Customers in
a World Gone Mobile

原著作者简介

恰克·马丁（Chuck Martin），美国知名智库移动未来研究院CEO，媒体邮报传播集团媒体研究中心主管。马丁一直是数字互动市场的重要先驱者，曾任IBM副总裁。著有《数字化阶级时代》《E时代的七大趋势》等书。

本文编译：黄玩

主要内容

主 题 看 板	不受束缚的消费者/169
5分钟摘要	扭转战局的移动应用程序/172
轻松读大师	一　移动营销产生的缘由/174
	二　移动营销的未来走向/199

> 主题看板

不受束缚的消费者

　　1983年摩托罗拉推出世界第一款手机"黑金刚",售价4000美元,只能进行语音通话,通话效果还不太稳定,但它巨大的黑色机身能显示主人高贵的身份,还博得一个"大哥大"的称号。如今,全球手机用户已经达到59亿,几乎人手一部,而且越来越多人持有的是能和电脑媲美的智能手机,除了通话功能之外,还能上网搜索资料、登陆社交网络、使用网络银行、网上购物、阅读书报、玩游戏等等,可以多方面满足生活、商务及娱乐等需求。

　　手机的发展速度超乎想象,对营销人员及广告主来说,可以说是继电视及电脑(尤指互联网)之后最具革命性的媒体变革。许多企业已经加入这场全新的营销战局,顺应手机的特性推出各种创新的营销手法，但在这场持续演变的战局中，也充满许多从未有过的机会和挑战，在考验着行业者的智慧。

恰克·马丁近 15 年来一直是数字互动市场的重要先驱者，曾经精准预估网络革命的冲击。他在书中提出移动装置——特别是智能手机，将改变一切，而且引领这场变革的主导者不是营销人员或广告主，而是"不受束缚的消费者"。

马丁从手机的技术面及消费者的行为面一一解析移动商务的形成，清楚阐释移动商务的本质和应对策略；不受束缚的消费者正是在这样的环境下产生的新形态消费者——他们和企业之间的关系，不再局限于只在电视屏幕前做单向吸收，也不再是坐在桌子前面才能上网。他们随时都在网上，可以在移动中即时搜索和分享信息。

这种新形态的消费者彻底改变了购物流程，也改变了消费者与产品和服务之间的关系；同时，他们也是一批可以精准个性化的营销对象。

营销人员面对的课题，便是如何与他们互动、满足他们的需求。更进一步的是，如何在特定的瞬间创造彼此双赢的成果。

随着智能手机和平板电脑的日渐普及，不受束缚的消费者以及整个移动革命正在改变营销人员的思维和策略，营销人员必须确保公司能在这个前所未有的市场中生存和获利。

5分钟摘要

扭转战局的移动应用程序

从电视时代到网络时代,营销人员一直在因应时代的变革。今天,他们将再次扭转既有的营销思维——将焦点转移到消费者随身携带的手机上。

营销人员接触顾客的第一种屏幕是电视——通过它可以同步地向数百万人传送经过雕琢和测试的信息。消费者看电视的时候是往后靠在自己的椅子上,这种单向营销或一对多的传播方式,让营销人员取得主导地位。

第二种屏幕则是个人电脑,它使得人们可以和销售产品或服务的企业进行互动。此时的消费者不再"往后靠",而是坐在椅子上"向前倾",并提出他们的意见。这是分享式营销的时代,消费者因为能够通过网络取得产品和服务的信息而获得力量。

今天，在营销界还有第三种屏幕显得越来越重要——那就是移动装置，通常指智能手机，它极有可能成为扭转战局的关键。为什么呢？消费者可以通过它轻易地与其他人建立联系，还可以在购买时立即分享信息和意见。这种状况需要可以互动的"往前拉"式营销，营销人员面对的挑战和机会就在于，融入到这种移动商务的对话中，并且为它们创造价值。

一　移动营销产生的缘由

由于市场上一些影响深远的变化，移动营销或移动商务已经浮现——新技术的成熟使得移动商务变得可行，同时消费者也因为这些新的工具而表现出不同的行为。要了解移动商务，你就必须对这两个方面的改变了如指掌。

技术面　➤　移动商务　◀　行为面

第一要素：技术面

促成移动商务的第一个要素来自技术面。移动商务之所以产生，是因为现今已经有技术让它变得可行，而且能立即取得。造成这些技术变革并使得移动商务得以产生的根本元素为：

```
技术面的改变
❶  网络
❷  智能手机          →  移动商务
❸  应用程序          →
❹  位置
```

元素 1：网络

当互联网在 20 世纪 90 年代中期出现时，人们必须购买电脑、和服务商签约，并学习一些相关技术。消费者在能够使用之前，必须把一切相关事宜处理妥当，其实这是一段艰难的学习过程。今天，网络环境万事俱备，每个人都在上网。人们已经具有在网络上交易的经验，对移动科技也相当熟悉。这就意味着这时候让人们接受移动商务是比较容易的。

关键思维

移动产业目前的状况类似 1995 年时的互联网。移动产业正处于快速成长期，产业中有许多人认为移动应用程序正在酝酿一波爆炸性的商业革命。数百家新创事业正在进行创新、定位、创造、投入、重新调整以及向企业兜售,其中有许多取得了一定的成功。创投公司的资金正全面往这个市场涌入,投资人也都在找下一个移动版的谷歌或脸书。

——恰克·马丁

元素2:智能手机

移动电话对世界造成的改变,将远不如智能手机正在开始展现的一些有趣现象。

移动电话到智能手机的转变过程如下:

◎1983年9月21日——摩托罗拉在历经10年的准备和投入1亿美元的经费后,发布了第一个标准的移动电话。3年之内就拥有200万移动电话用户。

◎1992年——第一则商务信息被传送出去。

◎1996年——美国移动电话用户达到3800万人,使用十分普及。

◎2000年——美国的移动电话用户达到1亿人。

◎2010年——超过1/4的移动电话用户拥有智能手机。

虽然市面上有各式各样的智能手机，但是2007年苹果公司iPhone的上市却是智能手机发展的里程碑，它宣告了iPhone市场诞生，这具有非凡的意义。iPhone提供了成千上万个App应用程序，为消费者创造出十分庞大的市场需求。

关键思维

iPhone展现的不仅是精密手机可以提供哪些功能，还有从苹果应用程序商店下载应用程序是多么容易；如果应用程序需要付费，还可以利用iTunes账户进行自动扣款，这种模式对于庞大的音乐下载用户来说已经相当熟悉了。很多人在使用过黑莓手机和其他装置之后，也都已经习惯使用电子邮件和其他功能了,但是 iPhone 和之后谷歌开发的 Android 操作系统,为移动电话的使用又开创出了新的局面。

——恰克·马丁

目前使用传统手机的消费者,据估计有 3/4 的人计划在下次换购手机的时候升级为智能手机。只有基本功能的移动电话正在走入历史。这对营销人员来说是一件天大的消息,因为所有智能手机具有的功能,将会成为未来营销活动的着力点:

◎智能手机具备网络功能——它们可以通过无线网络或移动运营商随时连接到互联网。

◎定位功能——所有的智能手机都可以通过它们的定位功能精确标示使用者所处的位置。

◎摄像头——智能手机让顾客有能力拍摄照片或视频并随时上传到互联网。

◎运算能力——智能手机事实上就是小型的手持电脑,功能强大。

◎视频——使用智能手机可以随时随地观赏高品质的视频。

◎触控屏幕——智能手机能够感应到动作，可以接收人们做出的动作和手势。

◎可携带性——可以带着到处走。

◎声音——除了上述这些功能之外，智能手机还可以用来通话。

元素3：应用程序

在以互联网为基础的模式下，人们会访问某个网站并进行互动。移动应用程序某种程度上也与之类似，但更倾向在移动中进入以技术为基础的平台，因此智能手机用户会更想要下载及使用特定的个性化功能——应用程序因此而上场。

过去消费者会坐在家里，观赏电视节目、电影或是其他类型的娱乐性节目，一坐下来就是从头看到尾。移动用户运用媒体的方式则截然不同。他们希望能够任意收看篇幅较小的视频片段，对于观赏的内容也更有所选择。应用程序让消费者取得了更多的控制能力，可以自主挑选内容，以及决定何时以何种方式观看视频。

> **关键思维**
>
> 人们会在手机屏幕上观赏视频吗？简单说：绝对会。但它不会是那种传统、电影院播放长度的电影，而是比较适合移动装置的新形态视频。那些拥有电视相关功能应用程序的消费者，大部分都只会观赏视频的片段，约1/3的人会观赏全部的集数。其他常见行为则是查看节目表、下载桌面背景或铃声，以及通过某个节目收听音乐。
>
> ——恰克·马丁

因此，许多提供移动装置使用的视频平台陆续出现。这些平台有些已经被娱乐产业采用，其他则还是处于早期的开发阶段。例如凯特这家位于旧金山的私人企业，它正在开发一个平台，让人们可以用智能手机制作视频，并且可以让人立即通过网站或任何手机取得。

> **关键思维**
>
> 有一个移动平台使用的新案例，是在海地大地震之后发展出来的。当时音乐电视网想要提供援助，于是便要求凯特公司开发"给海地希望"的 iPhone 应用程序。音乐电视网接着就播放"立刻给海地希望"的 2 小时电视节目，为救援进行移动募款。使用移动电话的观众可以从 iTunes 的应用程序商店下载这个应用程序，观赏这个现场节目并使用手机进行即时捐款。这个应用程序仅用不到一天的时间就开发完成。
>
> ——恰克·马丁

至于如何在新视频平台上进行广告营销，则是另一件有趣的事。在电视时代，商业广告可以在制作完成后同步向数百万人播放。而在移动商务的状态下，广告主会先弄清楚特定对象所处的位置，然后据此决定广告的性质。目前已经可以辨识出消费者是位于一个球馆、某个商场还是坐在家里。应用程序可以根据消费者在某个特定时刻从事的活动，精确传送符合该场合的产品信息。

关键思维

利用这种类型的技术和平台，你身为一位营销人员就可以创造信息，然后发送给很大一群移动应用准顾客。接着，你再以时间和地点作区分，观察其中有哪些产生了效果。这个动作是可以立即进行的，而且你可以根据当下得到的结果迅速修改信息。

——恰克·马丁

元素4：位置

所有的智能手机都内设了定位功能。消费者可以通过手机上的某个应用程序，在某个特定的位置进行"打卡",接着就会启动一些特定位置专属的产品及免费服务。我们可以称之为"本地营销",此即移动商务的关键特色。

以地点为诉求的方案有无限可能性：

◎移动化的顾客可以选择下载应用程序,它会在顾客进入某家商店的有效范围时启动,然后这个商店就可以给该顾客发送信息,或像是"每日精选"之类的特别方案。

◎移动化的顾客实际走进某家商店后,可以当场进行产品比较,以了解商家给的价格是否划算。只要扫描商品上的条码,应用程序就会告知消费者是否有其他商店在提供更低的价格。

◎营销人员能够用好的方法分析顾客行为并采取回应,被称为"移动研究"。例如某家餐厅知道有个地区的顾客在星期四会工作到很晚,接着下班后就会到竞争者的酒吧光顾。有了这个信息后,该餐厅就可以设计一个特殊方案,然后在那些顾客回家前的1或2小时传送到他们的手机上。信息可以针对特定目标，非常精准地予以送达。

◎企业可以运用准顾客的移动信息，决定店铺地点应该设在哪里。

关键思维

随着移动产业持续不断地进步，不受束缚的消费者也使用了更多的移动功能，导致品牌商和营销人员不得不紧跟消费者的脚步。一旦没有跟上，风险就是把顾客让给那些将移动应用发挥得更好的人。

——恰克·马丁

本地营销有一些有趣的可行方案：

◎你可以设计一些吸引顾客前往某个地点的诱因，例如单次的活动、一般优惠券或是有限期的折扣等等。

◎当顾客到达该地点之后，可以通过智能手

机传送促销方案给他们——例如优惠券、实用信息和地图等等。这些附加信息会诱使顾客停留更久的时间，借此提高他们购买的几率。

◎即使顾客正在采购，你还是可以提供给他们一些额外的优惠——如大量购买时的即时折扣、下次购买使用的优惠券、对忠诚度的奖励和激励措施、相关商品的搭售方案、隔壁商店的优惠券等等。

关键思维

随着移动装置越来越好用，人们在购买行为中会更频繁、更早地使用到它们。越来越多的顾客在到访某家商店之前，就已经仔细研究过商品，因为使用手机搜索相关产品的信息已经变得更容易了。移动化的互动最终不仅会发生在购买行为的前后两端，也会在其中的每一个步骤出现。如果所有的移动营销只是专注于购买行为的某一个端点，企业就会遗漏移动应用中相当重要且庞大的一块。

——恰克·马丁

第二要素：行为面

促成移动商务快速成长的第二个要素是属于行为面的。现在的消费者行为与以往大大不同。他们比较愿意分享个人的意见，也乐于寻求其他人的意见和经验。

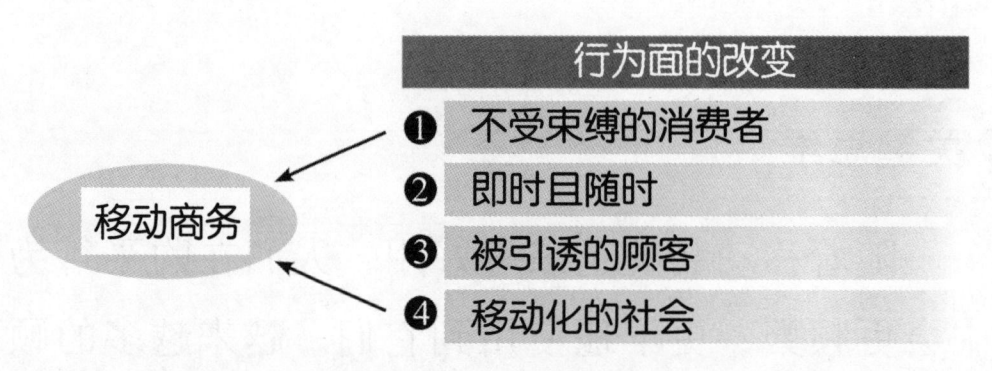

行为面的改变
❶ 不受束缚的消费者
❷ 即时且随时
❸ 被引诱的顾客
❹ 移动化的社会

（移动商务）

元素1：不受束缚的消费者

移动化的消费者已经完全获得解放，不再依赖台式电脑来获取信息或上网。有了完备的数字移动力，他们可以一直保持连线，并且在任何时间、任何地点都能和任何人做任何事。借着第三种显示器赋予的力量，这些不受束缚的消费者，不论走到任何地方，随时都可以取得信息。

完备的数字移动力能使消费者即时知道其他人正在谈论的内容。当某一位不受束缚的消费者喜爱或厌恶某件事物时，他就会立刻让其他人知道，因而产生了一种集体思考的作用。

在实际状况下，不受束缚的消费者能够：

◎ 立即且轻易地查询到当地或是网络业者提供的价格。

◎ 比较不同业者对某项商品所提出的方案。

◎ 从朋友或同事那里取得现场即时推荐。

◎ 在购买东西时，可以立即和其他人分享自己的意见。

请注意，这所有的一切都是因为消费者的智能手机而起。可以在特定时间和已知的特定地点，接触到移动化的顾客，对零售业者来说可能是一项挑战，但它同时也为机智的营销人员开启了一些绝佳的机会。营销活动从此可以达到前所未有的精细程度，进行个性化的设计。因此，对现在不受束缚的消费者采取个性化营销，看起来就非常乐观。

智能手机是非常私人的物品，以至于每一位使用者都像是处于一个个别的市场中。身处同一家商店的人可能会使用他们的手机和移动应用程序，查看天气、在网络上搜索、阅读书籍、寻求交易、观赏视频，或是和朋友交谈等等。每一个人都会创造出自己的移动宇宙，而每一个移动宇宙都是独一无二的。

关键思维

营销人员将以地点为主要考量，提供更便利的购物流程，以及直接以手机购买的方式，更进一步改变消费者的行为。营销人员和广告商都必须设法接触这些不受束缚的消费者，并在这些准顾客通过社交媒体互相联系时，加入他们的对话。事实显示，消费者比较愿意接受朋友而不是企业的推荐，因此对于任何特定产品或服务产生群体移动的可能性是相当高的。营销人员对此必须加以适应，才可以和这些不受束缚的消费者进行互动。在这样的环境下，以往的独特销售主张（USP）变成了运用智能手机技术（USPT）。

——恰克·马丁

元素2：即时且随时

对移动化的顾客来说，信息是动态的。它存在于虚拟的空间，可以随时使用任何装置获得。它不像电视节目那样必须依照播放时间观赏，拥有移动力的顾客依照自己的时间表，根据他们某个时间点的需求来汲取需要的信息。

这意味着传统的传播方式对拥有移动力的顾客是不会产生效果的。营销人员应该考虑的是简短的视频，内容必须包含高度的互动性，并且提供给顾客高度的价值。在移动装置上进行某种形式的传播仍然会持续，但是其中包含的各种动态和传统的传播方式是有所不同的。选定目标、采取行动及评估结果，都必须采用以时间为基准的全新方法。

请注意，移动应用程序不仅可以用于和顾客进行互动，也可以在公司内部使用。管理层可以运用移动科技雇用及训练员工、和合作伙伴一起工作，以及向顾客推出促销或产品方案前进行测试。这一切所发生的过程可能会加速，因为移动装置是一种永远开机的媒介，不会受到日程表的限制。

关键思维

在一个移动化的世界里，所有信息是所有人都可以随时取得的，因而创造出新的商业挑战，包括如何即时营销以及如何随时营销。即时隐含的意义是交易可以立即完成，而且是由企业进行主导，所以即时指的是人们真正在使用电脑的那个时间点。而第三种显示器的革命把即时变成了随时，不受束缚的消费者期待的是一种能够真正全年无休地进行活动和互动的环境，因为手机随时都在身边。因为有这种"随时"的期待，消费者正在驱使企业调整开发、创造和生产的周期，以及产品的配送和售后服务，这样才能够更贴切地回应那些总是开机的移动化消费者的需求。同时，这些需求也完全根据消费者的时间表而定。

——恰克·马丁

移动应用程序是改变战局的关键。它是新媒体，也是新的渠道，大家都必须了解它。你现在还找不到很多移动营销的专家，这场奋斗还会持续。移动应用程序的焦点是"我的品牌实力如何以及我该如何运用这个渠道"。每个人都希望评估所有的一切，而评估的重大挑战就在于你如何跨媒体来评估移动应用程序。相关议题会包括忠诚度、购买决策以及其他。它应该是一种更广泛的品牌经验，以及从移动化的互动中得到价值，同时也包含使用性和丰富性。

——恰克·马丁

元素3：被引诱的顾客

移动应用程序不仅是一种销售或营销的渠道，而且还会变形。就招揽客户的层面而言，它已经达到了另一种层次。因为顾客已经取得了一定的主导地位。移动商务要求企业给顾客提供明确的价值，短期可能是指折扣或优惠券，但是移动化顾客最终期待的是，企业能拿出真正创造价值的方式来吸引他们。

话虽如此，你的移动营销策略还是必须和你的企业目标一致。合理的起点是弄清楚你的顾客，他们在目前和未来会需要哪些移动应用程序。

◎ 他们想用智能手机做些什么？

◎ 他们想用的是哪种类型的手机？

◎ 他们有哪些行为模式和喜好？

传统的营销理论是AIDA——即注意力（Attention）、兴趣（Interest）、欲望（Desire）和行动（Action），移动应用程序戏剧性地改变了这个公式。原本由企业主导 AIDA 流程，现在已变成是由不受束缚的顾客决定在什么时候取得什么样的信息。和顾客进行互动的有可能是另一端使用智能手机的任何一个人，因此企业必须重新调整以应付这种必须立即处理的需求。这是一种全新而个性化的顾客招揽模式，不再是一套固定的营销公式。

当企业和顾客共同合作以找出具有吸引力的解决方案时，最成功的营销就会诞生。你必须从他们的角度找出能够提供价值的方式。要成为一名成功的移动营销人员，你不能只是给顾客提供一连串的商业广告，还必须弄清楚他们想要什么。

关键思维

移动应用程序让不受束缚的消费者有机会做下列这些事：采取行动、购买、寻求信息和互动。这也正是让行动激发机制上场的时候。当你确立了某些对顾客有价值的事物之后，你还必须让他们进行下一个步骤，让他受到价值的吸引而采取行动。也就是说，你能为顾客提供怎样的设计，才能让他们容易采取行动和回应呢？你能为他做出怎样方便采购的设计呢？你能为他做出怎样容易买单的设计呢？你能找到哪些诱因让他立即采取行动呢？在移动应用程序的市场上，激发行动正是关键所在。

——恰克·马丁

元素4：移动化的社会

移动装置将成为未来社交媒体的主流工具，这点已毋庸置疑。已经有超过2亿人在通过自己的手机使用脸书。在这些不受束缚的消费者中，有很多人正让朋友知道自己目前身在何处、在做什么以及会在某个时间去做某件事，未来这类活动仍然会持续增加。除了脸书之外，越来越多的移动化消费者也开始使用推特和领英（LinkedIn）。

应用定位服务可以让朋友之间彼此进行追踪。数百万人正在使用四方网、脸书地标功能、Loopt、Brightkite、Gowalla、Gilroy、SCVNGR和Whrll查看朋友玩游戏以及打卡。最棒的是，这些定位服务绝大多数都提供了营销人员可以自行使用的网上工具。

有一种应用程序，营销人员通过它可以对消费者提供预定地点的交易。如果手机"知道"消费者身在何处，该地点附近业者提供的优惠信息，就会被传送到手机上。经由营销人员采取行动来启动并鼓励对话发生，企业和顾客之间就可以产生直接的沟通。

关键思维

对营销人员而言，最大的机会或许是开发出崭新的顾客项目。应用定位功能的平台才出现了几年的时间，无疑还具有很多的潜能，可以用来找出并吸引那些从来不曾被想到过的消费者。虽然某些应用定位的项目最近才登场,却已经吸引了数百万不受束缚的消费者,他们已经参与其中,并且尝到了不同程度的甜头。

——恰克·马丁

四方网是一个使用定位信息吸引顾客的好例子。有数百万人使用四方网,他们只要"登陆"就会获得积分,这些积分可以用来参加有趣的地区竞赛和其他活动。使用者也可以借此得到如"角头"、"超级使用者"和"健身狂"等称号。营销人员可以把四方网当作招揽新顾客的平台,或是用来持续和他们的最佳顾客进行互动。对于未来会演变成什么类型的平台,该公司非常明白自己其实还处于学习曲线的开端。不过几乎所有的评论家都相信,应用定位功能的社交媒体服务将会是下一个大事件。

关键思维

社交媒体平台,现在正处于争取大量安装用户的竞赛中,因为那些拥有最多使用人数的平台,将会成为营销信息的传递工具,并借此资助平台的成长所需。对身为营销人员的你来说,关键是判断自己的顾客使用的是哪些平台,然后跟随他们到那些平台。在平台上,能够激励并吸引顾客的创新计划来自营销人员,而不是那些平台业者。平台技术只是让这些计划得以运作,但是它无法创造出有意义的内容和顾客进行互动。

——恰克·马丁

移动应用程序是扭转战局的关键:移动商务不仅仅是使用电话来买东西付钱,重点还在于彻底改变了购物流程——从研究产品一直到交易完成,并且可以因地制宜。有了移动应用程序,营销会变得"超级地域性",即锁定特定目标区域,在使用者的特定需求出现的时间和地点即刻予以满足,此即移动商务。移动营销的内涵不仅仅是

客户为什么和你做生意

提供优惠券和折扣,而是承诺配合顾客需求随时随地进行互动,并在移动环境下为自己的品牌定义未来。

——恰克·马丁

二　移动营销的未来走向

移动商务所需要的科技历经了多年的开发，不过现在都已经成熟。过去习惯和自己喜欢的品牌进行互动的消费者，目前正积极地使用移动科技和功能进行购物决策。营销人员面对的课题既简单又直接：顺应移动商务并利用它创造自己的优势，不然就被淘汰。

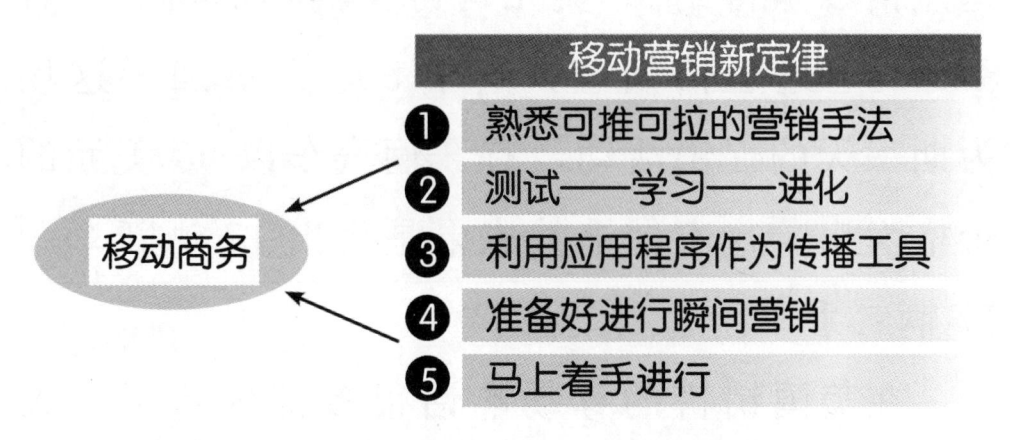

移动营销新定律
❶ 熟悉可推可拉的营销手法
❷ 测试——学习——进化
❸ 利用应用程序作为传播工具
❹ 准备好进行瞬间营销
❺ 马上着手进行

移动商务 →

定律1：熟悉可推可拉的营销手法

即使智能手机如此先进，一个吸引移动化消费者的最有效方法，还是对那些有意愿的人发送文字信息，借此引导他们到某个网站，让他们从那里自行选取更多的信息。这种结合推与拉的架构，在移动商务的领域成效良好。文字信息还可以和应用程序结合——文字信息可以鼓励人们安装某个应用程序。营销人员必须设法将应用程序、文字短信和网站做一下整合。

利用短信发送营销信息，特别适合一次性的促销活动。例如有一家雪佛兰汽车的经销商播放10秒和15秒的收音机广告，邀请人们发送短信以赢得用98美元购得一辆车的机会。有500人通过短信回应，其中300人参加了这场为期一天的促销活动，有2辆汽车以98美元的价格卖出。这次促销的成果是售出17辆新车和17辆二手车。

在美国销售的移动电话很多都内建了多媒体短信功能。多媒体短信服务不再局限于文字，还可以传送照片和视频。2006年成立于加州的摩力特公司，利用多媒体短信服务传送多媒体信息，结果比传送标准的文字信息提升了20％的效果。锐步运动鞋利用摩力特的服务建立了一份移动化顾客的资料库，然后向他们发送一部介绍美式橄榄球运动员的视频，以及一个抽奖活动，借以宣传新服饰。该公司以年轻运动员和美式橄榄球迷为目标，在不同的社交媒体推广这个活动。同样，耐克和美式橄榄球联盟也利用摩力特的平台为2010年的超级杯创作了一部适合移动应用程序的宣传视频，结果非常成功。

有时候某些企业因为本身具有非常高的价值，不再需要提供诱因吸引人们加入。气象频道正是一个绝佳的案例。几乎每个人每天都会想知道明天的天气状况，气象网站排在全世界最受欢迎网站的第20位。虽然一开始就有这种巨大的成果，气象频道仍然花了超过10年的时间开发、架构、建立及壮大它的移动应用程序实力。气象频道从向消费者收费到依赖广告收入的模式演变，是以每个月 2.99 美元的订阅模式开始的。目前每个月有超过 2200 万人通过气象频道的手机应用程序取得气象信息，这等于每个月有大约 12 亿个气象信息网页被传送到智能手机和其他装置上。

关键思维

移动应用程序是一种可以推销、也可以拉引的媒介。身为营销人员，你可以推出信息，例如广告信息和产品方案。这不算是广播，因为这些信息是量身定做的，诉求某种特定属性不受束缚的消费者，不像电视商业广播那种针对大量市场的方法。另一方面，具有行动力的消费者可以选取信息，如产品评级或是更新的信息，而且在他们决定的任意地点把信息"拉"到眼前。他们可以从任何人身上，如产品评论者或你的公司取得信息，假设你推出的促销素材可以提供给顾客某些价值。让营销人员能够和移动化顾客互动的最有效方法之一，便是与那些愿意和你公司进行沟通的人交换消息。

——恰克·马丁

定律 2：测试——学习——进化

和不受束缚的消费者进行互动可以说是一个全新的议题，因为将消费者从固定的显示器前解放出来的移动科技，也是最近才出现的。基于这个事实，不论规模大小，所有企业都必须采用这种先测试后学习的模式。在 20 世纪 90 年代中期互联网出现的时候，当时使用的模式是启动然后学习，因为当时还没有现成的资料库可以用来测试。

目前全世界已经有相当规模的移动化顾客。然而移动商务最与众不同的地方就是，具有移动力的顾客可以自行决定和某家公司进行接触。在这里，营销人员没有那种可以适用于全部状况的单一模式。未来的做法应该是多多尝试各种想法，并准备好将可行的做法进一步扩大运用。创造某件产品然后举办一场大型发布会的传统手法，从此不再有效。你必须坚持"测试——学习——进化"这一过程。

与此相关的绝佳范例是，卡夫公司通过自己的食物烹调帮手应用程序所实现的成果。这个应用程序让顾客不论是在超级市场还是其他任何地方，都可以浏览数以千计的食谱。当他们决定晚上煮什么之后，该应用程序就会在手机上建立一份个性化的采购清单。

食物烹调帮手的开发过程历经了3个不同的阶段：

◎第一阶段，重心在增加食谱和扩大使用者，侧重规模和功能。

◎第二阶段，重心转移到增加更多的移动平台，这样这个应用程序才得以在更多的智能手机上应用。同时也加入了一些新功能，包括平价食谱、高级的购物清单功能、较佳的商店定位功能等等。

◎第三阶段，进一步强化了许多功能，如商品条码功能可以让消费者扫描自己厨柜里的货物，于是你只要购买那些缺少的商品。该程序还可以让人们知道自己的朋友晚上打算做什么菜，通过和优惠券网站的合作，也可以把发送优惠券的服务加入到这个应用程序中去。

在每个阶段中，卡夫食品都会追踪消费者的反应，借此强化那些消费者觉得有用的功能，剔除那些不受喜爱的功能。卡夫食品还推出一个免付费的精简版食物烹调帮手，让人们可以下载试用。他们发现绝大多数人在试用过免费版，体验过相关功能，并认同其提供的价值之后，都会升级到付费的版本。

事实上，处于移动化的世界中，随时都会出现全新的可能性。新的平台一直在演化及出现。如果你不小心，就有可能陷入喜新厌旧症候群，遗失自己企业的真正目标。除非你的顾客表达出愿意使用这些新工具的意图，否则就要尝试抗拒将资源移转到新科技的诱惑，然后系统化地采取测试然后学习的模式。要求顾客提供回馈，并且在投入大量资源之前，有限度地实施新科技。这是最好的方式，确保自己不会因为投入某种顾客丝毫不感兴趣的行动，而浪费掉自己的资源。你要测试、学习，然后进化。

定律3：利用应用程序作为传播工具

总体来说，智能手机就是让人们在移动中可以取得内容的精密装置。智能手机使消费者不再局限于通过电脑取得内容，使移动化的消费者能够以前所未有的方式产生效率及享受娱乐。

和互联网不同，移动应用程序的内涵不是上网进行互动，虽然这也是不受束缚的消费者会进行的活动之一。移动应用程序的重点在于当你移动的时候，仍然在以科技为基础的平台上保持登陆状态。它关系到下载及使用特定的个性化功能，让使用者以前所未有的方式善用地点和时间，借此提升他的生产力和绩效，甚至是娱乐时光。

在这种情况下，把应用程序单纯当作一种传播工具，是有利的想法。很多公司着手开发转换印刷资料的应用程序，以便在智能手机上进行阅读，到最后都变成了开发能够加入特定移动功能的平台。例如整合声音和视频片段、可放大缩小照片、3D立体翻转功能、现场问答活动、社交媒体分享功能、广告整合、付费订阅功能以及分析和使用状态追踪——而这些只是冰山一角而已。

关键思维

移动内容的取用是持续不断的，这个过程没有开始、中间或结束，电影有开始和结束，报纸在你从头到尾读完后就没有了，一首歌也是从头播放到尾。互联网和移动应用程序的相似之处在于有数百万的信息都可以通过一次点击取得，但是它和移动应用程序的不同之处在于使用者终究会离开电脑。而对于移动装置的屏幕来说，它和网页的不同之处在于除非是不受束缚的消费者愿意浏览的信息，否则它就没有多少空间可以容纳其他信息。

——恰克·马丁

为了移动商务的市场，未来明显会开发全新类型的媒体素材。比如你是出版商，就要开始研究你的内容应该如何重新编制，以符合智能手机用户的需求。寻找可能的合作伙伴，找出对顾客有用并且顾客会感兴趣的运作方式。设法运用这种模式，开发出能够生动呈现自己内容的视频。这个领域中的活跃分子都会同意，未来智能手机上的视频将会占有巨大的分量。

要想创造出能够吸引不受束缚的消费者的应用程序，就必须注意以下3项关键因素：

（1）让生活更容易——大家都忙到喘不过气。开发应用程序，协助人们每天解决更多事情，就会受到大家喜爱。

（2）让生活更经济——利用折扣或特别优惠的方式提供价值，对移动化顾客会产生很高的吸引力。采取行动加以实现吧。

（3）让生活变有趣——人们非常乐于在整天忙于工作的状况下得到片刻纾解。具有挑战性或教育性的游戏类应用程序，未来会有非常大的需求。

定律4：准备好进行瞬间营销

瞬间营销，也就是顾客正在进行购买决策时，传送绝佳的促销方案，这确实是一项改变战局的关键。因为不受束缚的消费者的行为一直在持续演变。企业必须进一步寄送简短、相关且有效的信息，以便产生效用。以铺天盖地的方式给一大群消费者传送信息，然后期待它能够影响某个人购买决策的时代已经结束了，取而代之的是更加个性化的营销手法。

这种状况也代表对具有行动力的顾客进行营

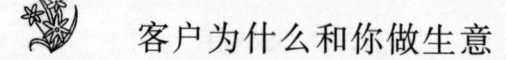

销时，必须从由内而外的方式转变成由外而内的操作模式。未来将会反向操作，不再是由企业向消费者发送营销信息。不受束缚的消费者会向企业要求某些信息，并允许企业可以联系他们。那种长时间且花费昂贵的营销活动，其实无法触及这些到处移动的人。这些具有行动力的顾客，将会取得完全的主导地位。

毫无疑问，移动产业将会持续不断地进化。现存的移动化平台未来将会被更新颖的顾客互动手法所取代。新的移动化付款系统也会出现。企业会找到运用这些新功能的全新运营模式。例如某家营销公司目前推出了一台赠送休闲饮料试喝罐的机器，消费者用他们的手机传给该公司一则短信，就会收到一个启动密码，可以在那台机器上取得免费的试喝罐。未来还会有更多混合的运营模式出现。

> **关键思维**

第三波屏幕革命为企业提供一个绝佳的机会，让企业能够以更为亲近的方式和顾客进行互动，因为智能手机是如此私人且随时都在使用者身边。不受束缚的消费者会要求从这种联系上取得价值；企业必须提供消费者愿意和他们联系的诱因，创造出一种双赢的局面。第三种屏幕将永远改变一对一的营销概念，允许企业在不受束缚的消费者进行购物时，直接对他们进行营销。移动应用程序也为传统的实体零售商店提供了巨大的机会，因为在店里购物的顾客可以立即取得商店的产品信息。各种品牌一直在焦虑地等待这方面的开发成果，因为它能够为这些企业提供瞬间营销的机会。这个做法可以让企业在对消费者和企业双方都具有最大价值时，对顾客进行营销。这种关键时刻随时都在出现及消失，而顾客也会在不同的地点来来去去，但是他们总是一直随身携带自己的移动装置。

——恰克·马丁

定律 5：马上着手进行

就定义而言，移动化的消费者不论身在何处都可以被联络上，而且他们的手机是一直开机的。在过去，精确的地点和时间从未成为营销时的考虑因素；然而随着全新移动科技的出现，企业能够得知消费者将于何时采取行动。那些愿意通过测试及学习模式，找出顾客和自己互动时所采取的方式的企业，将会感到安心，因为他们不太可能被淘汰。

为了让"测试——学习——进化"的模式产生效果，你必须着手行动。很多公司正在观察其他人的行动，这算是不错的情况了。但是在移动商务的领域中，如果你想了解操作是否可行，你还是必须针对那些不受束缚的消费者直接采取行动。关于如何开启这个学习过程，有一些建议是：

◎在现有的营销活动中,加入移动应用程序的元素——例如发送文字短信,看看结果如何。

◎尝试以移动化的动词标记品牌——例如"帮我FedEx这个包裹"或是"Google这个字的意思"。坐下来想象一下,如果将自己的品牌动词化会产生什么状况。移动化本身极度适合用来创造将品牌动作化的产品和服务。

◎做好面对一些波折和失败的准备——必须付出学习的代价。刚开始的时候,不可能所有的尝试都会产生效果,不要让这些初期的挫折阻碍自己,持续尝试以便学习到更多。

◎记住移动商务的重点不在于智能手机,而是你所提供的价值——只要专注于提供绝佳的价值,一切就会步入正轨。很多顾客在亲眼看到其他消费者扫描商品然后当场取得折扣前,是不会转换到移动商务领域的。如果你想等到每个人都拥有智能手机时再行动,就等于将领先优势拱手让给竞争者。现在就开始为那些已经在使用智能手机的用户提供服务吧，因为他们正在主导市场走向。

移动应用程序的绝佳优点是，它是一种终极的营销评估工具。客户所采取的行动可以直接对应到他们所收到的短信，而且你还可以辨别出他们采取行动的时间和地点。顾客需求现在也可以根据时间和地点来加以评估。移动应用程序对营销人员来说是一场全新的战局，而它势必会产生革命性的效果。

关键思维

别放过在社交媒体上曝光的机会。社交媒体是推销网站最佳的方式之一，就像是现代版的口碑营销。如果你的网站有超链接到社交媒体，还可以让访客立即分享关于你网站的意见。

——恰克·马丁